新聞の凋落と「押し紙」

Kuroyabu Tetsuya
黒薮哲哉

花伝社

新聞の凋落と「押し紙」◆目次

第3章 新聞凋落期のメディアコントロール——44

第4章 「押し紙」問題とは何か？——61

第5章 「押し紙」の古くて新しい定義——77

はじめに

2017年4月14日、共産党の清水忠史議員は、経済産業委員会で世耕弘成・経済産業大臣に対して、「押し紙」の実態調査をするように求めた。

「押し紙」とは、簡単に言えば新聞販売店が注文した部数（予備紙を含む）を超えて新聞社が搬入する新聞のことである。たとえば新聞販売店が2000部しか新聞を注文していないのに、3000部を搬入すれば、差異の1000部が「押し紙」である。当然、配達後に残紙が発生する。その量は尋常ではない。搬入される新聞の5割が「押し紙」という例も少なくない。しかも、新聞社は販売店から「押し紙」の代金まで徴収する。

「押し紙」問題は厳密にいえば戦前からあった。戸別配達制度が生んだ負の遺産なのである。それゆえに、「押し紙」問題はタブー視されてきた。新聞業界の裏面史に属する。

世耕大臣は、清水議員の提案に対して次のように答えた。

「わたしは下請け取引の改善に取り組んでいるのですが、残念ながら新聞販売業というのは、下請け関係にはならないんですね。あくまでも新聞社が発行する新聞をそのまま供給を受けて、それを取引するという立場ですから、下請法の範囲には入らないということです。基本的には独禁法で問題があれば、公取委が厳正に対処してほしいと思います。経済産業省としては、経済産業省所管の法人として、日本新聞販売協会がありますから、本当にいまご指摘のような問題が広範に存在して、販売業界として深刻な問題なら、この団体からわが省に申告があると思いますから、それを受けて必要であれば対応したいと思います」

業界団体である日販協（日本新聞販売協会）から申告があるまでは、経済産業省としては、対策を取るつもりはないと言っているのである。「押し紙」は独禁法に抵触するのだが、公正取引委員会も、「押し紙」の取締りにはなぜか積極的ではない。新聞社に配慮して見て見ぬふりをしているようだ。

その結果、日本の隅々まで張り巡らされている新聞販売網の拠点である新聞販売店には、膨大な量の「押し紙」があふれている。それが販売店の経営を圧迫するようになり、いま、新聞の販売網があやうくなっている。

新聞を配達する人手も不足して、海外から配達員を「新聞奨学生」としてリクルートする事態も生まれている。たとえば２０１７年３月には、朝日新聞の東京本社管内だけで、ベトナム人を中心に３００人近くの「新聞奨学生」が来日したという。

新聞業界はかつてない危機に直面している。さらにそれに消費税率アップの問題が浮上している。これについては2015年に新聞に対する軽減税率の適用が決まって新聞関係者を安堵させたが、今後も新聞社にとっては不安の種になることは間違いない。政府と交渉を続けなければならない。

「押し紙」問題や消費税問題の背景には、何があるのだろうか。

結論を先に言えば、それは公権力によるメディアコントロールである。新聞社の経営上の弱点を掴み、それを取り締まるよりも放置したり、時には優遇措置を適用することで、新聞社を国策プロパガンダの機関に変質させる方針があるのではないか。しかも、都合の悪いことに、新聞社が凋落へ向かう状況の下で、新聞社が公権力のいいなりになる状況が生まれている。公権力と新聞社の距離はどんどん接近している。

新聞の凋落は、単に新聞の読者ばなれを意味するだけではなく、新聞社が公権力に取り込まれていくプロセスを意味する。それが具体的にどのようなものであるかを、本書でレポートした。

第1章と第2章では、新聞の部数減や紙面広告の劣化など新聞凋落の実態を報告した。第3章では、新聞社の安定した収入源のひとつである政府広告を多量に出稿する特殊な仕組みを解明した。このプロセスには、実は大手広告代理店が重要な役割を果たしているのである。

第4章から第6章では、新聞業界最大のタブー「押し紙」問題を取りあげた。「押し紙」政策が、新聞のビジネスモデルの中枢であることを述べた。

第7章から第9章では、新聞関係者が新聞に対する軽減税率の適用を求める背景にある、特殊な事情を暴露した。結論を先に言えば、それは「押し紙」にも消費税が課せられるからにほかならない。新聞関係者は、政界工作でこの問題に決着を付けようとしているが、それはジャーナリズム企業にとって致命的な誤りだ。

新聞ジャーナリズムの衰退を、新聞社のビジネスモデルの誤りという視点から考えるうえで、本書が一助になることを念願する。

第1章　新聞の発行部数が急落している2つの要因

朝日新聞記者による衝撃の質問

新聞社にとって、その質問は頭部を鉄拳で強打されるような衝撃だったに違いない。

２０１６年2月15日、日本記者クラブでのことだった。記者会見を開いていた公正取引委員会の杉本和行委員長にとっても、おそらくまったく予期しなかった質問だった。

朝日新聞の大鹿靖明記者が、新聞業界のタブーとされてきた「押し紙」について質問したのだ。「押し紙」とは、販売店が注文した部数を超えて新聞社が搬入する新聞のことで、ノルマの部数である。

大鹿記者は２０１４年の夏、従軍慰安婦や吉田調書の「誤報」問題を機に、朝日新聞の部数が著しく減ったことを述べた後、次のように続けた。

「わたしも一体販売現場でどんなことが起きているのか、販売店を調べに行った次第なんですが、そこでお話を伺うと、相当、『押し紙』というものが横行している、と。みんな新聞社から配達されてビニールでくるまったまま、そのまま古紙回収業者が回収していく、と。かなりの割合で、私が見聞きした限りだと、25%から30%くらいが押し紙になっている。どこの販売店主も何とかしたいけれども、新聞社がやってくれない、と。で、おそらくこれは朝日に限らず、毎日も読売も日経もみんな同じような問題をかかえていると思うんですね。（略）販売店主の中には公取委に相談に行っているという話もちらほら耳にするんですが、『押し紙』の問題については、委員長、どのようにお考えになっているでしょうか」

大鹿記者の質問に対して杉本委員長は、「押し紙」の「実態が発見できれば必要な措置を取る」と回答した。もちろん、杉本委員長は朝日の「押し紙」だけを指して答弁したのではない。新聞業界全体を対象に「押し紙」問題の対処方針を明言したのだが、真意はともかく、「押し紙」の取締りを宣言したのである。

それから1ヶ月後、朝日新聞は公正取引委員会から、「押し紙」問題で注意を受けたという。かねてから搬入部数を減らすように要請していた販売店に対して、要請を拒んだというのがその理由らしい。

新聞社の現役記者が「押し紙」を問題視することは、これまではなかった。少なくとも記者会見など、公の場でこの問題を提起したことはなかった。

その意味で大鹿記者の質問は、新聞社経営とそれを基盤とした新聞ジャーナリズムに対する新聞関係者の危機感が頂点に達した結果かも知れない。だからこそ販売店に足を運んで、みずからの問題として現場の声を聞き出し、記者会見の場でジャーナリストとしての義務を果たしたのである。

新聞の凋落現象は想像以上の速度で進行している。一体、その背景に何があり、その実像はどうなっているのだろうか。インターネットと新聞の違いを比較することから検証をはじめよう。

カストロ訃報に見る新聞の致命的弱点

新聞からインターネットへ、メディアの世代交代が進んでいる。その背景には、両者の間に歴然と存在する情報量とそれを伝えるスピードの違いがあるようだ。この2つの点で、インターネットが勝を制する時代に突入している。

2016年11月25日、キューバ革命のリーダーでラテンアメリカの左派勢力に強い影響力を発揮してきたフィデル・カストロ前国家評議会議長が亡くなった。享年90。キューバの主要メディアは26日にカストロの死を報じた。そしてインターネットでこの情報をキャッチした他国のメディアもカストロの死を大々的に取り上げ、このニュースは、あっという間に地球規模で広がったのである。

たとえばニューヨークタイムズの電子版は、単にカストロの死を伝えるだけではなく、百科事典なみにカストロに関連した豊富な情報を掲載した。「米国に刃向かったキューバの革命家、フィデル・カストロが逝く、90歳」というタイトルの記事は、A4判の用紙に印刷すると実に23ページにもなり、彼の経歴やキューバ革命の歴史、米国民の反応までも詳しく報じている。

わたしが最初にこのニュースに接したのは、11月26日午後7時のNHKニュースにおいてだった。番組の冒頭で、NHKはカストロの死を報じたのである。

わたしはインターネット上で、このニュースの拡散状況を調べてみた。「フィデル・カストロ」でニュースを検索したところ、午後8時の時点で、日本国内だけでも既に38件のニュースがアップされていた。その後もカストロの死に関するインターネットニュースは増え続け、翌27日の午前5時の段階では66件が提示された。

このうちユニークな企画としては、たとえばアフロというニュースサイトがカストロの写真特集を組んでいた。最近の写真だけではなく、１９５０年代のキューバの革命戦争の時代にチェ・ゲバラと一緒に写っている写真や、２００３年に日本を訪問した際に小泉純一郎首相（当時）と握手している写真も掲載されている。

また、朝日デジタルは「安倍首相、カストロ前議長死去に『哀悼の意』」という追悼記事を掲載している。さらに時事通信は、「亡命キューバ人ら『歓喜』」というタイトルで、「米国へ亡命したキューバ系市民の間で」歓喜の声が上がっている様子を写真と記事で伝えている。

カストロの死とそれを受け止める世界の声は、国境を超えてたちまちインターネットで世界へ広がったのである。

一方、新聞がカストロの死を伝えたのは、27日付の朝刊である。中央紙はこのニュースを第1面で大きく取り上げたが、新しい情報はほとんどなかった。大半はインターネットで既に報じられていることや、カストロに関して評価が定まっている歴史的事実の羅列ばかりで、後追い報道の印象をまぬがれない。

ちなみに27日付朝刊の各紙の見出しは次のようになっている。

読売：「カストロ前議長死去」「90歳　キューバ革命指揮」

毎日：「フィデル・カストロ氏死去」「前議長キューバ革命主導」「90歳」
朝日：「カストロ前議長死去」「90歳　キューバ革命主導」

このような報道の遅れは、新聞記者や編集者に責任があるわけではない。これは旧メディアの宿命にほかならない。皮肉なことに新聞各社もそれを自覚しているらしく、自社ウエブサイトで、本業の新聞に先立ってカストロの死を報じている。そうしなくては新聞社の存在価値がまったくなくなるので、先にインターネットで報じ、翌日の朝刊でもほぼ同じ内容のニュースを報じたのだろう。

新聞の限界を最も切実に感じているのは、ある意味では、新聞社の記者と編集者かも知れない。報道の速度が遅いのは、情報化社会では致命傷である。

新聞社は今後、紙媒体からインターネットに移行し、しかも、収益をあげるビジネスモデルを構築しなければ生き残れない。しかし、都合の悪いことに、日本の新聞業界は、戸別配達制度という海外のメディアから見ると特殊なビジネスモデルの上を走ってきたために、前途に広がる、一筋縄では解決できない壁と向き合わなければならない。

日本の新聞社は、戸別配達制度を徹底することで、巨大部数の大国を打ち立てた歴史がある。**表1-1**は、世界新聞協会が2013年に発表した世界の主要な新聞の発行部数ラ

表1-1　世界新聞ランキング（2013年）

順位	新聞名	国	言語	発行部数（千部）
1	読売新聞	日本	日本語	9,690
2	朝日新聞	日本	日本語	7,450
3	毎日新聞	日本	日本語	3,322
4	ザ・タイムズ・オブ・インディア	インド	英語	3,322
5	ダイニク・ジャグラン	インド	ヒンディー語	3,113
6	参考消息	中国	中国語	3,073
7	日本経済新聞	日本	日本語	2,769
8	ビルト／B.Z.	ドイツ	ドイツ語	2,658
9	人民日報	中国	中国語	2,603
10	中日新聞	日本	日本語	2,533

ンキングである。新聞が衰退してきたとはいえ、依然として、日本の新聞社が1位から3位までを独占している。10位以内には、5社がランクインしている。

この巨大な「紙新聞」の読者層をインターネット新聞の有料購読者に変えるのは不可能に近い。新聞とほとんど同じ情報がインターネット上に無料で溢れているからだ。

中央紙の購読料は月額で約4000円だが、電子版で購読料を半額にしても、巨大な読者層を有料サイトへ移動させるのは難しいだろう。新聞社が現在の経営規模に見合った収入をインターネットによって確保できる可能性はほどんどない。

さらに次のような問題もある。改めて言

うまでもなく、日本の新聞社が発行するのは、日本語の新聞である。もちろん英字紙もあるが、主要な収入源になっているのは日本語の新聞である。ところが日本語が通じるのはほぼ日本国内に限定される。

英語のメディアであれば、紙媒体からインターネットに切り替えることで、発信の舞台を全世界へ拡大することができ、新しい可能性を探る余地もあるが、日本語のニュースが国境を超えて広がる状況が生まれる可能性は極めて少ない。日本語の媒体では、市場が限られてしまうのだ。

メディアの激変の中で、日本の新聞社は抜本的な解決策を見いだせないまま、急激に衰退しているのである。

メディアの弱体化につけ込む公権力

こうした新聞社の経営難につけ込むかのように露骨になっているのが、公権力による新聞への介入である。いくら新聞が没落の一途をたどっていると言っても、まだ、一定の影響力を持っていることも間違いない。数あるメディアの中で新聞の信頼度は高く、新聞に書いてあることはすべて真実だと思いこんでいる人も少なくない。それゆえに公権力としても、世論誘導、あるいは国策プロパガンダの道具として利用価値があるのだ。

それにインターネットのニュースは、書き手に多様性があるとはいえ、コンテンツのかなり多くを新聞記者が執筆している。特に主要な政治記事になると、記者クラブで情報を独占している新聞社やテレビ局が運営するウエブサイトから情報が発せられる場合が多い。とすれば、政府など公権力にとって、新聞社はこれまでと同様にプロパガンダの道具として利用価値がある。マスコミをみずからの「広報部」に変質させることで、国策を進めやすくなる。あるいは法案を成立させやすくなる。

そして新聞社が経営難に陥っている状況の下では、このようなメディアコントロールはきわめて容易になる。政府が新聞社の「保護」に乗りだせば、必然的に新聞は政府の「広報部」に変質する。その性質を一層強める。

後述するように安倍晋三首相とマスコミの幹部が会食を重ねている事実を、『しんぶん赤旗』や『ZAITEN』などが報じてきたが、これは両者の「交渉」の一場面と見ても差し支えないだろう。

それゆえに、恐らく、会食という表向きの顔とは別に、水面下ではもっと露骨な金銭がらみの癒着が進行している。これについては第3章で取り上げることにして、まず最初に新聞の凋落ぶりを検証しておこう。

表1-2　2017年1月の主要紙ABC部数と前年比

紙名	販売部数(2017年1月)	対前年同月差
朝日新聞	6,322,127	▲300,003
毎日新聞	3,051,100	▲114,868
読売新聞	8,925,590	▲175,745
日経新聞	2,714,843	▲14,628
産経新聞	1,569,474	▲7,851

深刻な部数減少

新聞社の勢力を評価する指標といえば、念を押すまでもなく新聞の発行部数である。2017年1月に公表された中央紙のABC部数（日本ABC協会が監査する部数で、公式の発行部数）をもとに、過去1年間の新聞部数の変化を見てみよう。表1−2は、ここ1年間の主要な新聞の部数変遷を示したものである。

朝日新聞は1年間で約30万部を、毎日新聞は約11万5000部を、そして読売新聞は約17万6000部をそれぞれ減らしている。地方紙も含めると、全体で約77万5000部が減っている。

ここに示した数字を見る限り、「読売1000万部、朝日800万部」の時代はもはや完全に幕を閉じている。長期的なスパンで見ても、新聞没落の傾向は変わらない。図1−3は、ここ5年間における新聞部数の推移を示している。坂道を転げ落ちるような深刻な部数減が確認できる。

２０１２年４月の時点における朝日新聞の発行部数は約７６２万部であったが、２０１７年１月の時点で、約６３２万部である。５年間で１３０万部減少した。一方、読売新聞の発行部数は約９７７万部であったが、約８９３万に減少している。５年間で約84万部を失ったことになる。

部数を１００万部失った場合、どの程度の販売収入の減収になるのかをおおまかにシミュレーションしてみよう。

図 1-3　最近５年間の朝刊 ABC 部数の推移

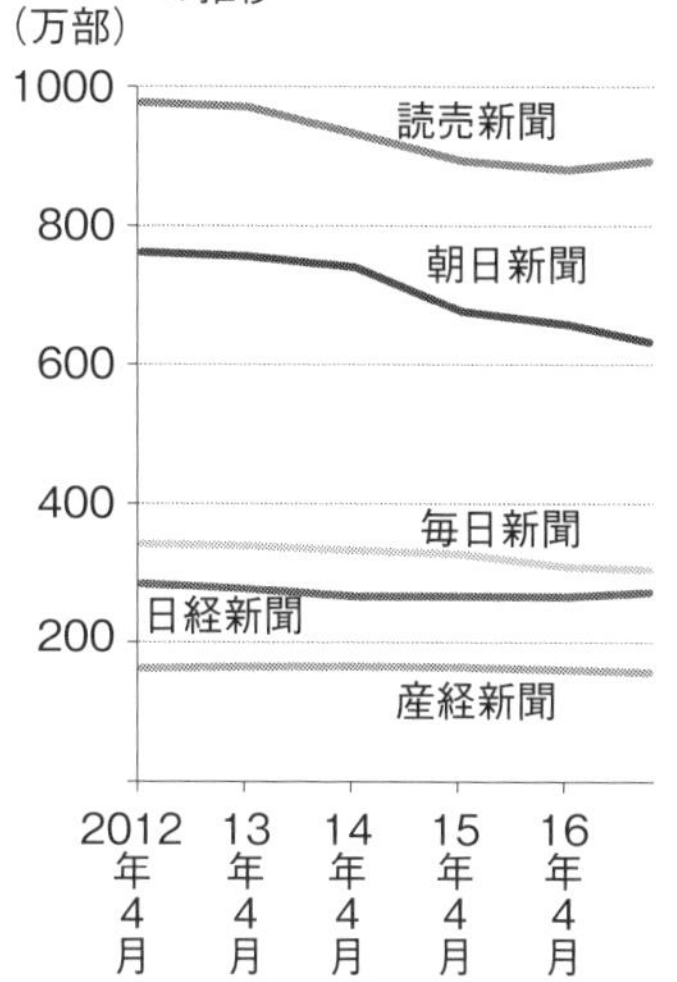

朝日、読売、毎日の購読料は、「朝夕刊のセット版」が約４０００円で、「朝刊」が約３０００円である。「朝夕刊のセット版」と「朝刊」の部数比率が不明なので、ここでは誇張を避けるために、すべてが価格のより安い「朝刊」という前提で試算してみる。

ひと月の販売収入は、３０００円×１００万部で約30億円となる。１年に換算すると、30億円×12カ月でおよそ360億円。販売収入だけでも、尋常ではない減益になる。

もちろんこの数字は、単純に新聞の売上高の減収を試算したもので、他の要素は加味していないが、新聞の凋落を示すひとつの数字と言えるだろう。

ちなみに朝日新聞社が4年間で失った約130万部は、東京新聞（発行部数約49万部）のほぼ2社半分の部数に相当する。規模の小さな佐賀新聞（発行部数約13万部）であれば、10社分の部数にあたる。

地方紙は、この5年間で約120万部減らしている。地方紙の場合は、それぞれの地方に根付いているために中央紙ほど急激な没落は観察できないが、それでも衰退傾向が止まらないことは間違いない。

「押し紙」の存在と実態

新聞のABC部数の変動を読み解く際に考慮に入れなければならないにもかかわらず、忘れがちな、あるいはタブー視され、故意に言及を避けられがちなことがある。それはABC部数には、「押し紙」が含まれている事実である。

「押し紙」については第4章、第5章、第6章で詳しく言及するが、「押し紙」とは、ごく簡単に言うと新聞販売店が注文した部数を超えて新聞社が搬入する新聞のことである。新聞社は「押し紙」についても、卸代金を徴収する。いわばこれはノルマの部数である。念を押すまでもなく、新聞の「味覚期限」は1日なので、「押し紙」は在庫品にはなり得ず、配達されないまま廃棄される。

たとえば、新聞社が2000部の新聞を販売店に搬入しているが、新聞の購読者数は1500人しかいない場合は、500部が「押し紙」にあたる。

ただ、厳密にいえば、若干の予備紙（通常は搬入部数の2％程度）が必要なので、予備紙を差し引いた460部程度が「押し紙」ということになる。

「押し紙」という言葉は、新聞販売店に対して「押し売りした」新聞というニュアンスで使われているが、実際はこの説明だけでは不十分な面があるので、これについては後述しよう。ここでは「押し紙」についても、新聞社が卸代金の徴収対象にすること、「押し紙」によりABC部数をかさ上げして、広告営業を有利に展開する販売政策を採用していることだけを念押ししておく。

「押し紙」の規模は販売店によってまちまちだが、わたしが取材してきた限りでは、中央紙の場合、平均すると少なくとも1店あたり3割ぐらいの「押し紙」があるようだ。販売店関係者の話や、実際に入手した新聞販売店の経理記録、それに公正取引委員会による調査記録などから推測した結果である。

このうち公正取引委員会の動きについて言うと、１９９７年12月に同委員会が北國新聞社に対して、「押し紙」の排除命令を下したことがある。「押し紙」行為に対して、独禁法を初めて適用したのである。「押し紙」問題で公正取引委員会が動いたのは、若干のマイナーな動きはあるものの、後にも先にもこの時だけである。

公正取引委員会がまとめた「株式会社北國新聞社に対する勧告について」と題する文書によると、北國新聞社は朝刊の総部数を30万部にするために増紙計画を作成し、３万部を新たに増紙した。その３万部を新聞販売店にノルマとして一方的に押し付けていたという。夕刊についても同じような方法で、新聞を販売店へ押し付けたと指摘している。

さらに同文書には、「押し紙」の問題が北國新聞社だけに限定されたものではなく、新聞社に共通した問題であることを示唆する次のような記述も見られる。

また、当該違反被疑事件の審査過程において、他の新聞発行業者においても取引先新聞販売業者に対し『注文部数』を超えて新聞を提供していることをうかがわせる情報に接したことから、新聞発行業者の団体である社団法人・日本新聞協会に対し、各新聞発行業者において、取引先新聞販売業者との取引部数の決定方法等について自己点検を行うと共に、取引先新聞販売業者に対して独占禁止法違反行為を行うことがないよう、本件勧告の趣旨の周知徹底を図ることを要請した。

「押し紙」の強制が全国の新聞社でなかば当たり前になっている実態を、公正取引委員会が初めて指摘したのだ。

ちなみに公正取引委員会が勧告を出す半年前にあたる１９９７年６月、北國新聞の販売店主５人が総額で約２億１３００万円の賠償を求める「押し紙」裁判を金沢地裁で起こしている。請求額は、過去９年の間に５店が支払った「押し紙」の卸代金である。「押し紙」率は販売店によって異なるが、約10％から40％だったという。もちろん、これらの「押し紙」もＡＢＣ部数に加算されていた。

ＡＢＣ部数減少の真相

ＡＢＣ部数に「押し紙」が含まれている事実を念頭に入れないでその増減を解析しても、新聞社の正確な経営状況は把握できない。実際には新聞購読者数が変動していなくても、

「押し紙」部数が変われば販売収入やABC部数に直接反映するからだ。

ABC部数が減ったので、新聞購読者が減ったと単純に即断するのは間違っている。減部数の中身が新聞購読者の減少分なのか、それとも「押し紙」の減少分なのかを見極める必要があるといえよう。

2015年の夏、朝日新聞の従軍慰安婦報道が「誤報」とされ、総バッシングを受けて、ABC部数が激減したことがあったが、これについても、ABC部数激減の原因が「誤報」に対する抗議なのか、それとも朝日新聞社が「誤報」を機に、自主的に「押し紙」を減らしたことが原因なのか、検証する必要がある。

実は新聞販売店サイドでは、後者の見方の方がはるかに強い。つまり朝日新聞が自主的に「押し紙」を減らしたとする説である。このあたりの事情について、東京都内で販売店を経営する藤岡忠氏（仮名、現在は廃業）は次のように言う。

「新聞購読者の大半は50代から70代の人達です。この世代は新聞を購読する習慣があるので、朝刊なしでは物足りない層です。ですから『誤報』ぐらいで購読をやめることはほとんどありません。わたしは減部数の原因は、朝日新聞社が『押し紙』を整理した結果だと見ています。ほとんどの販売店は『押し紙』を減らさなければ、経営が難しい状況に追い込まれています。新聞社がいくら高圧的といっても、販売店が倒産すると新聞社の命である販売網そのものが崩壊しかねません。店主を解雇しても、後継者がなかなかいません。こうした状況のもとで、『押し紙』を排除する動きが出ています。

しかし、『押し紙』はタブーですから、『押し紙』を減らしたとは公言できません。そこで朝日新聞社は『誤報』を逆手に取って『押し紙』を減らし、表向きは購読者が『誤報』に腹を立てて多数購読を中止したということにしたのではないかと推測します」

実は、この朝日バッシングが起こる3ヶ月前、つまり2014年4月から消費税が5％から8％に上がっている。意外に知られていないが、「押し紙」にも消費税はかかる。「押し紙」は独禁法で禁止されているので、経理上は販売されている新聞、あるいは読者がいる新聞として経理処理されているからだ。しかも都合が悪いことに、「押し紙」には購読者がいないわけだから、新聞販売店が「架空の読者」の消費税を負担しなければならない。

当然、消費税が上がれば新聞販売店の経営は一層悪化する。となれば、新聞社は「押し紙」を減らして販売店の負担を軽減せざるを得ない。さもなければ販売店が倒産して、肝心の宅配網そのものが崩壊しかねない。

こうした状況から察すると、大幅に朝日新聞の部数が減ったのは購読者が減った結果ではなくて、「押し紙」を排除した結果だったことも考え得るのだ。むしろこちらの可能性の方が高い。実際、わたしが取材した限りでは、「押し紙」を排除してもらったという新聞販売店の話が相次いでいる。

「新聞の凋落」の実像

とはいえ、ABC部数を減少させた原因は「押し紙」の排除だけで、新聞購読者がまったく減っていないと考えるのも正確ではない。このあたりの事情について、藤岡氏が言う。

「朝日バッシングの時期に朝日新聞社に新聞の購読を中止した人がいたことも事実だと思います。しかし、本当の原因が『誤報』への怒りだったのかどうかは分かりません。高齢で文字が読みづらくなって、この騒動を機に新聞の購読を止めたのかも知れません。文字が読みづらくなって購読を中止することは、よくあります。たとえば数日前、わたしの店でも、老婦人から、朝刊を読む習慣があった夫が亡くなったので、購読を中止してくれと連絡がありました」

つまり新聞購読者の減少は、新聞を好む世代の高齢化が進んでいるためで、極端なものではないというのだ。

その一方で、新規の新聞購読者はほとんど獲得できないと藤岡氏は言う。

「若い世代はまったく新聞を購読しません。インターネットの世代ですから、いくら景品を提供しても購読しません。電車に乗っても、新聞を購読しているひとはほとんどいないでしょう。みんなスマホでニュースを読んでいます。昔は新聞セールス団という新聞拡販が専門の会社がありましたが、今は数が激減しています。昔ほど訪問販売もしなくなっています。拡販活動をしても成果があがらないという認識が広がっているからです」

こんなふうに見ていくと、ＡＢＣ部数が激減している最大の原因は、販売店の経営が悪化して、新聞社がやむなく「押し紙」を減らしはじめた結果であると見るのが正しいだろう。そこに、高齢化に伴う新聞の読者離れが重なっているのだ。若い世代については、もともと新聞を読まない世代とみて間違いない。減部数以前の問題なのだ。

日本の新聞社の凋落を説明する場合、インターネットの台頭によって、新聞が没落に向かっているという単純な説明だけでは十分とはいえない。日本に特有の「押し紙」問題を念頭に置かなければ、部数減の背景など全体像は見えてこない。

が、「押し紙」の実態を詳しく紹介する前に、引き続き新聞社の経営悪化の実態を検証しておこう。

第2章　新聞広告の傾向分析にみる新聞の凋落

新聞広告の媒体価値

新聞業界が危機的な状況にあることは、新聞関係者も認めている。たとえば読売新聞の渡邉恒雄氏は、２０１６年１月、読売三本社賀詞交換会で演壇に立ち、次のように述べている。

「２０１６年というこの年は、新聞にとって危機でもある。生き残るか生き残れないか、大変な年を迎えたのです。この危機をどうして乗り切るのか、皆さんと一緒に考えて、何とかこれを乗り越える道を考えて、読売は生き残らなきゃいかん」（『新聞情報』２０１６年1月20日）

朝日新聞社も経営難という事情は同じだ。２０１６年１月の年始の会の場で、渡辺雅隆社長は、自社の経営実態について次のように内情を告白した（出典：「文化通信」ウェブ）。

「国内で発行される紙の新聞の総数は毎年、数十万から100万部の単位で減り、広告収入も急減してきました。（中略）この結果、朝日新聞社単体の売上高は15年3月期に3000億円を下回りました。3000億円を割り込むのは、1986年3月期以来、実に29年ぶりでした。さらに2016年3月期には、2700億円規模にまで落ち込む見込みです」

経営悪化の主要な原因は、実配部数の激減と紙面広告の媒体価値の下落、つまり販売収入と広告収入の減である。もちろん広告価格はABC部数の大小に影響されるので、両者には相関関係があるのだが。

ただ、既に述べたようにABC部数には「押し紙」が含まれているので、実際にどの程度の読者が減り、読者離れが販売収入にどう影響したかを知るのは難しい。

これに対して紙面広告による収益実態については、具体的な数値を示した複数の調査結果がある。たとえば経済産業省が公表している「特定サービス産業動態統計調査」である。これによると、たとえば2000年度の新聞広告費は8165億円だったが、2015年には3581億円になった。激減である。

一方、新聞広告のライバルであるインターネット広告は、2000年の段階ではまだ統計すらなく、ようやく2006年から統計が公表された。この年の数値は1200億円だったが、その後急激に実績を伸ばし、2012年に新聞広告を超えるとさらに差を広げ、2015年には5615億円となった。

この1年に限定して検証してみても、新聞広告が288億円減ったのに対して、インターネット広告は703億円増えた。斜陽する新聞と、新興するインターネットが鮮明に対照を現してきたのである。

紙面広告による収入の落ち込みについては、新聞社も深刻に受け止めている。たとえば読売新聞グループ本社会長で主筆の渡邉恒雄氏は、2015年1月に読売新聞社が開いた新春所長会議の席で、新聞広告の衰退について次のように内情を説明している。

「読売新聞も販売部数は1年で66万部減少したし、広告収入も、ピーク時に1700億円あったものが800億円にまでほぼ半減し、昨年も800億円を超すことがありませんでした。そのため、読売新聞社としても、多少緊縮した財務政策を取らざるを得ませんでした」

新聞広告の媒体価値がなくなってきたのは、新聞広告の影響力が低下しているからであると推測される。「推測される」と書いたのは、新聞広告（厳密にいえば雑誌広告も）の場合、広告効果の解析がほとんど出来ないからだ。インターネット広告は、アクセス状況から消費者動向を把握でき、市場戦略のデータとして利用することができるが、新聞広告はこうした科学的な解析ができない。

また、コストの面でもインターネット広告の優位性は大きい。新聞広告やテレビCMとは違って、必ずしも広告代理店を通さなくても、自社でインターネット広告を制作することができるからだ。

たとえば化粧品の通販会社・アスカコーポレーション（福岡市）は、月刊で150ページ程度の通販雑誌を発行しているのだが、雑誌から自社のインターネットテレビへ読者を誘導する戦略を採っている。その番組で社長自身が自社製品を詳しく説明する。

実は2015年まで、アスカコーポレーションは大手広告代理店・博報堂にすべてのPR業務を委託していたが、同社との取引を中止した。その結果、コストが大幅に削減でき、CPO（注文1件を獲得するのにかかった費用）が飛躍的によくなったという。

また同社は、かつては新聞広告も出稿していたが、効果がなく現在はまったく出稿していない。

かつて大手の広告代理店といえば、一般企業からもメディア企業からも重宝がられ、電通が日本のメディア界を牛耳っているとまで言われていたが、こうした状況は大きく変化している。企業はインターネットを利用することによって、広告代理店に全面的に依存する必要はなくなっており、自社である程度のPR活動が展開できるようになっているのだ。

企業のPR戦略そのものが変化してきて、そのしわ寄せを、新聞広告をビジネスとする新聞社が受けているのである。あるいはもっと広い視点でみれば、新聞社、テレビ局、広告代理店を柱としたメディア環境そのものが、想像以上の速度で崩壊へ向かっているのである。

広告収入の激減と広告倫理

さらに新聞広告の媒体価値が落ちている要因に、「押し紙」問題が知られるようになってきた事情がある。インターネット上で、「押し紙」問題が比較的報じられるようになってきたこともあり、「押し紙」問題の認知度が上がった。

「押し紙」が存在するわけだから、広告主は新聞の正確な実配部数を把握できない。これは市場戦略を立てる上で極めて大きなリスクとなる。

たとえば広告主が、ある新聞社の「ABC部数50万部」というデータに基づき、50万人の新聞購読者に新聞広告が届くという前提に立って新聞広告を出稿したとする。しかし、本当は30万部しか配達されていなければ、市場戦略そのものが破綻してしまう。

「押し紙」問題の存在が明らかになるにつれて、広告主は新聞広告には市場戦略のうえで大きなリスクがあることに知るようになった。これも新聞広告がPR媒体として選ばれにくくなったもうひとつの要因といえるだろう。

ただ、その一方で新聞はいまだに広く読まれているという調査報告もある。たとえば日本新聞協会が公表している「2015年全国メディア接触・評価調査」によると、「新聞を読んでいる人は77・7%、新聞広告を見ている人は69・5%」となっている。

しかし、この調査は信用できない。というのも、この調査を請け負ったのは中央調査社という会社なのだが、この会社の調査当時の会長は、日本新聞協会に加盟している時事通信の社長・西澤豊氏であったからだ。西澤氏は日本新聞協会の監事を務めた前歴もある。つまり身内による調査である。新聞業界と利害関係を持たない第三者による調査ではない。

実際、もし本当に日本人の77・7%が日常的に新聞を読み、69・5%の人が新聞広告を見ているのであれば、新聞広告の需要が激減するはずがないだろう。このようなデータを公表するところにも、新聞関係者の焦りが色濃く現れているのである。

ただ、新聞広告による収入が激減しているとはいえ、広告の出稿量そのものは、ほぼ横ばいを維持している。広告収入が激減したからといって、広告の出稿量もそれに連動して減ったわけではない。下落したのは、新聞広告の価格である。

こうした状況の下で、広告収入の低落を少しでも防ぎたいという新聞関係者の思いが露呈するらしく、広告倫理の観点からして、疑問の余地がありそうな広告がはばかりなく掲載される例が増えている。

たとえば２０１６年11月27日付の読売新聞の第９面に掲載された全面広告（15段）である。この広告は、「金運力が上がるブレス」の販売を促進するためのものである。「ブレス」とは金属製の腕輪のこと。この広告のキャッチコピーの一部を引用してみよう。

「お金は天下の回りもの」とは言うけれど、いつになったらお金が回って来るのだろうか。そんなことを思っていた先日、十年来の友人から金運を祈願できると評判のブレスレットの話を聞いた。テレビやラジオでも紹介され、いま口コミで広まっているという。

実際にこのブレスを使った人の次のような体験も紹介されている。

・就職活動をしていた娘二人が、仕事に就くことができました。（京都府・57歳）
・次長への昇進が決定しました。（鹿児島県・52歳）

9　12版　2016年(平成28年)11月27日(日曜日)　読売新聞　(広告のページ)

広告　金運四神ブレスご購入の方全員に　年末ジャンボ宝くじ1枚プレゼント!

高額当せん者続出の宝くじ売り場「西銀座チャンスセンター」にて購入　※12月20日までの特典となります。

年末ジャンボ 101億円

こんなに良いことが続くなんて!

口コミで評判のブレス徹底検証

金運力が上がるブレス? うわさは本当だった?

「お金は天下の回りもの」とは言うけれど、いつになったらお金が回って来るのだろうか。そんなことを思っていた先日、十年来の友人から金運を祈願できると評判のブレスレットの話を聞いた。テレビやラジオでも紹介され、いま口コミで広まっているという。

金運力を身に付ける"コツ"とは

「ブレスレットで金運力?」そのように簡単に金運を願えるなら苦労しない、と初めは相手にしなかったのだが、風水歴ウン十年の彼女が、やっと見つけたブレスレットだと真剣に勧めてくるので聞いてみると、身につけてから感じるものがあるのだとか。

聞けば、金運上昇を願うブレスレットをつけているという。

金運といえば「西に黄色」くらいの知識しかない私は、その"金運上昇を願うブレスレット"とやらに興味津々。

彼女によると、そもそも風水は金運力や繁栄力を吸い寄せるための秘法であり、日本では京都や東京の町づくりに風水が利用されているらしい。事実、京都は千年以上、東京は江戸以来、今なお世界都市として繁栄している。

・・・

では、どうすれば本来の風水パワーを発揮できるのか。

それは、北に玄武と黒色、東に青龍と青色、南には朱雀と赤色、西には白虎と白色のそれぞれを正しく配置することが必要で、そうすることで中央に金運力や繁栄力を吸い寄せるよう祈願できるのだとか。この玄武・青龍・朱雀・白虎を四神と呼び、四神とその色を各方位に正確に配置することを『四神相応』というのだそうだ。

この『四神相応』は、昔から権力者しか知ることのできない秘法中の秘法として扱われてきたのだが、四神と色を相応に正しく配置するのは難しいと考えられ、現代ではあまり見かけないように思われる。

そんな得難い風水の配置だが、実は

"本格的な風水"は実践するのが難しい

身につけるなら本格派、金運ブレスに願いを込める

『四神相応』を正しく緻密に施したブレスレットがあったのだ。それが《金運四神ブレス》。口コミで広まり、テレビや雑誌で紹介されると、品切れが発生することもあるのだとか。確かに"本格的な風水"には興味がある。

そこで、後日、金運四神ブレスを扱う㈱水晶院に問い合わせてみると、気学鑑定士の監修の下、石の選定・配置、細かい彫りにもこだわっているとのことで、それぞれの関係性と総合的なバランスを意識したブレスレットになっているという。

・・・

2017年は酉の方角から金運を取り込む年だという。これは、2017年の干支である酉の方角が、金運方位とされる西にあたるため。さらに、運気を「取り(=酉)込む」という意味もある。このまたとない機会にむけて、『金運四神ブレス』を身につけ、新しい年を金運元年にしてみてはいかがでしょうか。

いろいろなブレスレットがある中で、気学鑑定士が風水に則って監修したブレスレットというのはめずらしいのではないか。疑いつつではあるけれど、同じつけるなら金運四神ブレスが良さそう。試してみる価値はありそうです。

普通のブレスレットに見えるが、本格的に風水の理論を取り入れている。身につけることで簡単に風水が実践できると人気があるようだ。

検証 歴史にみる四神パワー

風水の要となるのが「玄武」「青龍」「朱雀」「白虎」の四神と配置(その配置を四神相応と呼ぶ)。昔の権力者はそのパワーを利用すべく国家事業として行ってきたほどだ。

◆千年以上続く京の町

桓武天皇が「四神相応」に基づいて開いた都。当時の風水の叡智を余すところなく施し、千年以上続く都が完成した。

(玄武)　平安京　(白虎)　(青龍)　(朱雀)

◆今なお世界有数の都市・東京

徳川家康が風水をもとに築いた江戸は当時でも世界有数の都市に発展。明治維新を過ぎて今もなお繁栄し続けている。

(玄武)　江戸城　(白虎)　(青龍)　(朱雀)　江戸湾

◆全国各地のパワースポット

全国有数のパワースポットをみると、そのほとんどが四神相応になっているという。古来、風水は国家事業として本格的に行われ繁栄の礎になってきたのだ。

たった一枚のハガキで当選!? 会社で昇進決定!?

■娘たちの就職が決まった
就職活動をしていた娘二人が、仕事に就くことができました。(京都府・57歳)

■昇進決定
次長への昇進が決定しました。(鹿児島県・52歳)

■チケットが当選
懸賞に応募してみたら、大人気のテーマパークのチケットを当てることができました。(岐阜県・39歳)

■孫が商売繁盛
中古車販売業をしている孫にプレゼントしました。商売がうまくいっているようです。今度は自分の分も購入します。(主婦・73歳)

■スポーツ大会で優勝
83歳にもかかわらず、年下の強豪を退け優勝できました。(千葉県・83歳)

金運四神ブレス ご購入の方全員に

「西銀座チャンスセンター」にて購入 ※12/20までの特典となります。

年末ジャンボ宝くじ1枚プレゼント!

金運四神ブレス

商品番号 35033104

税込価格 2,888円 別途梱包・発送料777円(税込)

《古《いにしえ》より伝わる本格的な風水の配置を再現》

金運四神《きんうんしじん》ブレス

白虎《びゃっこ》 白瑪瑙
西を守る霊獣神。勝負運を導き、運気が出て行かないよう見張るといわれています。

玄武《げんぶ》 黒瑪瑙
北を守る霊獣神。災いをはね返し、健康長寿をもたらすとされています。

朱雀《すざく》 赤瑪瑙
南を守る霊獣神。邪気を払いのけ、末長い平安や家族の幸せをもたらすとされています。

青龍《せいりゅう》 青瑪瑙
東を守る霊獣神。仕事での成功や出世、巨万の富をもたらすとされています。

金運石 虎目石(タイガーアイ)
未来を見通し、成功をもたらすとされ、様々な場面で力を発揮できるとされています。

金運石 黄水晶(シトリン)
金運を呼ぶとされる鮮やかな黄色が特徴。商売繁盛や無病息災のお守りとして人気。

金運色 金筋彫《きんすじぼり》
金運をもたらすとされる金運カラーの金色で、四色瑪瑙に四神を刻印しました。

守護石 四色瑪瑙《ししょくめのう》
四神に対応する四色の瑪瑙を使用。魔除け・厄除けのほか、心を癒し、魅力や才能を引き出すお守りとして。

開運気学鑑定士が監修

金運力のために、石の選定・色・配置に徹底してこだわりました。

風水のパワーを取り入れられるよう、四神の石・色・四神の彫り色にはじまり、その他の金運力をもたらすとされるパワーストーンを配置。開運のプロが監修し徹底的にこだわり抜いた本格派のブレスレットです。

☎0570-666-615 お電話の際は「読売490係」とお伝え下さい

Fax.045-330-2014

株式会社 水晶院

TEL.045-511-1011 FAX.045-330-2014

読売新聞の全面広告（2016年11月27日）

・懸賞に応募してみたら、大人気のテーマパークのチケットを当てることができました。（岐阜県・39歳）
・中古車販売業をしている孫にプレゼントしました。商売がうまくいっているようです。今度は自分の分も購入します。（主婦・73歳）
・83歳にもかかわらず、年下の強豪を退け優勝できました。（千葉県・83歳）

この広告の広告主は、朝日新聞にも類似した広告を出している。こちらも全面広告で、金運と呼ぶ「金運カレンダー」の宣伝だ。キャッチコピーは、たとえば「来年は酉の方角から金運祈願力を〝とり〟込む年！」「金運元年を開運祈願画で始める」などとなっている。

広告倫理についての考え方は個人差が大きいのは確かだが、わたしが最も問題だと思うのは、キャッチコピーに書かれている内容に科学的な根拠がまったくない点である。

引用した「金運力が上がるブレス」の例で言えば、これを手首にはめていた事実と、「83歳にもかかわらず、年下の強豪を退け優勝できました」という事実を結びつけることには、いささか無理がある。きちんと統計を取れば、ブレス使用者の中には金運がなくなったひともいるだろう。「金運カレンダー」についても、まったく同じ非科学性が指摘できる。

科学的根拠という観点からすれば、このところやたらと増えているサプリメントの広告にも問題がある。たとえば２０１６年11月21日付朝日新聞に掲載された、精力の衰えに悩む男性をターゲットにした高麗人参の広告である。「高麗人参で男の逞しさを！」「妻も喜ぶ力強さ！　69歳」「あの喜びが……」「ピンとくるパワー！」「ピンとくる実感力！」といったキャッチコピーの広告である。これらのキャッチコピーに科学的な根拠があるのか、あるいは安全性に問題はないのか、サプリメントの効用に疑問を呈している科学者が多い現在の状況下では、広告倫理を検証してみる必要があるのではないだろうか。クオリティーペーパーの広告というよりも、スポーツ紙あたりに掲載する広告ではないだろうか。

広告収入が激減している状況下で、広告倫理の判断基準が緩やかになり過ぎているのかも知れない。

高齢者をターゲットにした広告の増加

さらに新聞広告に関するもうひとつの興味深い変化は、広告のターゲットが中高年になる傾向が強まっていることである。前出の高麗人参の広告もそのひとつの例だが、この現象は広告主と新聞社が、新聞の購読者が高齢化していることを認識している証でもある。

具体例としては老人ホーム、セレモニーホール、白髪染め、育毛剤、長寿のためのサプリメントといった広告だ。２０１６年12月9日付朝日新聞から、このような例を拾ってみよう。

最初に取り上げるのは、サントリーが発売している「グルコサミン」という商品の広告である。次のようなフレーズからキャッチコピーが始まる。

加齢とともに不足しがちな軟骨成分。そこでサントリーが着目したのがダブル軟骨成分です。

そして実際にグルコサミンを常用している人の体験談を掲載しているのだが、いずれも高齢者によるものである。

・７㎝のヒールを履いてダンスを頑張っています。（74歳・女性）
・サントリーのグルコサミンが私には一番合っています。（76歳・女性）
・ゴルフをやっているときに違いが分かる。仲間にも勧めています！（65歳・男性）

・80歳になってもジョギングできるのはグルコサミンのおかげです。（80歳・男性）

生命保険の広告も中高年をターゲットにしている。やはり12月9日付朝日新聞に掲載されているアクサ生命の全面広告を見てみよう。
もっとも際だっているキャッチコピーは次のようになっている。

50代、60代で持病があってもアクサ生命ならOK！
糖尿病　狭心症　脳梗塞などの持病があってもOK！

その他、マットレスの広告にも「睡眠中の腰や肩の『痛み』を解消！」とある。もちろん腰や肩の痛みに悩まされているのは高齢者だけではないが、相対的に見れば高齢者の方が圧倒的に多い。使用者の体験談も89歳、56歳の常用者によるもので、ターゲットが中高年にあることは間違いない。
さらに虫歯の予防薬の広告にも、「40代が歯を失う原因の第1位は〝むし歯〟」とあり、これに続いて、「むし歯は、子どもがなるものと思っていませんか？　今、40代、50代、そして60代と増加する『大人むし歯』が問題となっています」という書き出しの広告記事が掲載されている。

こんなふうにたった1日の朝日新聞を例に取り上げてみても、中高年層を対象とした広告が増えている傾向が分かる。新聞の余命が長くないことが察せられるのだ。近い将来、新聞は高齢者だけの情報源になることは間違いない。

今後、新聞社がターゲットとする年齢層はますます高齢化するだろう。そして最後は、視力の衰えなどで新聞を「卒業」する。それにともない新聞社の販売収入、広告収入も減っていくことになる。

折込み広告と「押し紙」

なお、新聞の広告収入という場合、広義には新聞に折り込まれる折込み広告による収益も含む。折込み広告が減少していることも新聞産業が衰退を続けている大きな要因で、とりわけ販売店に壊滅的な打撃を与えている。

ただ、折込み広告が販売店経営に及ぼす影響の評価はやや複雑な側面がある。たとえば中日総合サービスという会社が中日新聞を対象に実施した調査があるのだが、それによると名古屋市における年間の折込み枚数（延べ広告主数）は、2012年が643・1枚（1

世帯あたり）だったが、２０１６年は５９７・１枚に減っている。微減である。他の新聞も微減の傾向が見られる。微減であるが、ある別の要素が介在するので、その影響は深刻だ。

別の要素とは、広告主が「押し紙」の存在を知るようになったため、自主的に発注枚数を減らす傾向が現れていることだ。折り込まれる折込み広告の種類、あるいは広告主の延べ人数は微減に留まっていても、それぞれの折込み広告の発注枚数そのものが激減しているのだ。

たとえば以前は、1種類につき10万枚を発注していた広告主が、「押し紙」分を推測して、自主的に7万枚、あるいは5万枚というふうに調整する。その結果、販売店に搬入される折込み広告の総数が激減しているのだ。

こうなれば、折込み広告の水増しで、「押し紙」による損害を相殺する従来のビジネスモデルが破綻する。新聞社と販売店が最も恐れていたことが現実になったのだ。

第3章　新聞凋落期のメディアコントロール

安倍晋三とメディアの関係

安倍晋三首相は、かねてよりメディアとの確執が報じられてきた人物だ。

NHKのETV特集「戦争をどう裁くか」の第2話「問われる戦時性暴力」（2001年1月30日）が外圧により改変されたとされる問題では朝日新聞が、NHKへ圧力をかけた人物として、故中川昭一議員とともに安倍晋三議員（当時内閣官房副長官）の名前をあげた。本人たちは否定したが、『月刊現代』でジャーナリストの魚住昭氏が録音テープの内容を紹介しており、少なくとも疑惑があることは間違いない。

第一次政権で首相の座にあった2007年5月には、朝日新聞の山田厚記者がテレビ朝日の「サンデープロジェクト」で、粉飾決算をおこなった日興證券と安倍事務所の関係についてコメントしたところ、安倍氏の秘書3人が山田氏に対して名誉毀損裁判を起こしている。

『安倍官邸と新聞』（徳山喜雄著、集英社新書）によると、第2次安倍内閣が発足したのち、安倍首相は記者会見のやり方まで変えたという。これについて徳山氏は次のように述べている。

これまで歴代首相は原則として日本のメディアからは単独インタビューをうけず、共同記者会見の方式をとってきた。安倍首相になってからは、それが改められ、在京の新聞各紙と単独会見し、重要ニュースを1社だけに提供するようになった。会見の機会は各紙ともにあるのだが、その時期については首相や官邸の判断になり、首相の考えや思いを強くアピールする場として使われている。また、安全保障政策にからむニュースについては特定の新聞社に優先的に情報を流すという手法をとり、首相の考えにそった流れへと世論を導いていくといったケースもみられた。

このように安倍首相は、メディア対策を強く意識した政治家であると言える。

安倍氏が初めて内閣総理大臣に就任したのは2006年9月20日である。それから1年も経たない2007年8月27日、体調不良を理由に首相を辞任したとき、彼の復活劇を予測した人はほとんどいなかったに違いない。しかし、5年後の2012年12月26日、民主党政権が衆議院選挙区で敗北し、自民党が政権を奪還した直後の総裁選で石破茂氏を破って、再び首相に就任した。

その直後からメディアとの接触方法も、徳永氏が述べているように、従来から大きく変化させたのである。

それと連動するように安倍首相と大手メディアの幹部が、頻繁に会食を繰り返すようになった。

この会食問題を最初に報じたのは『しんぶん赤旗』だった。政権発足から2年を経た2014年12月30日、同紙は会食の頻度について、「突出しているのが、『読売』の渡邉恒雄会長の8回、フジテレビの日枝久会長の7回。それにつづくのが、『産経』の清原武彦会長の4回、日本テレビの大久保好男社長の4回」などと報じた。その他、朝日新聞、毎日新聞、日経新聞、中日新聞、共同通信、時事通信などの関係者の名前が上がった。

翌15年の4月には、『ZAITEN』が「安倍首相とメシを食うモラル無きマスコミ人たち」という特集を組んだ。ここでも渡邉氏らの名前が上がっている。

さらに2017年1月4日付の『しんぶん赤旗』も、やはり安倍首相とメディア関係者の会食について、「安倍首相　メディア幹部と会食」「昨年は十数回　どう喝と介入の一方で右派との親密さ目立つ」というタイトルの記事を掲載している。

それによると、「首相は昨年（２０１６年）もメディア幹部との会食を重ね、本紙（『しんぶん赤旗』）の調べでは15回に」及び、「とくに、渡邉恒雄『読売』本社グループ会長とは、２０１４年新築なった東京本社ビルで、『産経』『日経』などの幹部を交え、２度にわたって会食。ゴルフ場での会食を加えると３回に」なったという。「昨年11月16日には、『読売』東京本社ビルで講演も」行った。

さらに「各社論説幹部など固定メンバーとの年２回の会食も恒例」となっている。また、これとは別に「『産経』『読売』といった右派メディアの論説委員や政治部長とも、２回ずつ個別に会食。時事通信の特別解説委員とも個別に会食」をしたという。

安倍首相と会食したメディア関係者は、表３-１（『しんぶん赤旗』より著者作成）に示した通りである。

「重要施策に関する広報」予算の変遷

わたしはこうした癒着の背景に、メディア側の経営基盤が弱体化している事情があると見ている。政治の力を借りてでも経営を立て直したい、という経営者らの思惑があるので

表 3-1　安倍首相とマスメディア幹部との会食（2016 年）

日時	場所	会食相手
1 月 21 日	読売新聞東京本社ビル	渡邉恒雄「読売」本社会長
		橋本五郎・同特別編集委員
		今井環・NHK エンタープライズ社長
		清原武彦「産経」相談役
		ジャーナリスト・後藤謙治
		芹川洋一「日経」論説委員長
		評論家・屋山太郎
1 月 29 日	東京・飯田橋のグランドホテル内 フランス料理店「クラウンレストラン」	西沢豊・時事通信社社長
		田崎史郎・同特別解説委員
		渡辺祐司・同編集局長
		阿部正人・同政治部長
2 月 12 日	東京・赤坂エクセルホテル東急内 レストラン「赤坂ジパング」	阿比留瑠比「産経」論説委員
		有本隆志・同政治部長
2 月 18 日	東京・霞ケ丘町の日本料理店「外苑うまや信濃町」	田中隆之「読売」政治部長ら
3 月　9 日	東京・新橋の日本料理店「京矢」新橋店	芹川「日経」論説委員長
		内山清行・同政治部長
5 月 16 日	東京・銀座の中国料理店「飛雁閣」	大久保好男・日本テレビ社長
		秋山光人・日本映像社長らマスコミ関係者
6 月　2 日	東京・京橋の日本料理店 「京都つゆしゃぶ CHIRIRI」	石川一郎・BS ジャパン社長
		小田尚「読売」論説主幹
		粕谷賢之・日本テレビメディア戦略局長
		島田敏男・NHK 解説副委員長
		曽我豪「朝日」編集委員
		田崎・時事特別解説委員
		山田孝男「毎日」特別編集委員
8 月 16 日	山梨県山中湖村のホテルマウント富士内 宴会所「メヌエット」	日枝久・フジテレビ会長
		加藤勝信 1 億総活躍担当相
		岸信夫外務副大臣ら
9 月　1 日	読売新聞東京本社ビル	渡邉「読売」本社会長
		清原「産経」相談役
		福山正喜・共同通信社社長ら
10 月 17 日	「赤坂ジパング」	阿比留「産経」論説委員兼政治部編集委員ら
10 月 21 日	東京・赤坂の日本料理店「古母里」	田中孝之「読売」編集局総務
		前木理一郎政治部長
12 月　2 日	東京・内幸町の帝国ホテル内宴会所 「梅の間」	喜多恒雄「日経」会長
		岡田直敏・同社長ら
12 月　3 日	神奈川・茅ケ崎市のゴルフ場「スリーハンドレッドクラブ」内のクラブハウス	渡邉「読売」本社会長
		御手洗冨士夫経団連名誉会長ら
12 月　6 日	東京・元麻布の日本料理店「東郷」	朝比奈豊「毎日」会長
		丸山昌宏・同社長ら
12 月 20 日	日本料理店「京都つゆしゃぶ CHIRIRI」	石川・BS ジャパン社長
		小田「読売」論説主幹
		粕谷・日本テレビ解説委員長
		島田・NHK 解説副委員長
		曽我「朝日」編集委員
		田崎・時事特別解説委員
		山田「毎日」特別編集委員

はないか。

いっぽう首相の方も、メディアの弱体化を逆手に取って、メディアを安部内閣の「広報部」として取り込みたいという思惑があるのだろう。それは決して難しいことではない。日本ではメディアが寡占化され、しかもその規模が大きいので、少数の経営陣を自分の陣営に引き込むだけで、世論誘導が可能になる。

ただ、安倍首相がメディア関係者の幹部と会食を重ねただけで、巨大メディアを政府の味方として自分の陣営に取り込めるとは限らない。それよりも政府がどのようにメディア企業を優遇する方向性を示すかという点の方が、メディア企業の幹部にとっては重要なのだ。結論を先に言えば、彼らが求めているのは、自分たちメディア企業に対する経済的な優遇策である。後述する新聞に対する消費税の優遇策も、そのひとつである。

本章では、メディア企業がどのようなプロセスで国家予算を得るのかを、広告代理店との関係も含めて検証してみたい。結論を先に言えば、新聞社と内閣府や中央省庁との間に広告代理店が介在することで、莫大な額の国家予算が支出されるシステムが構築されているのだ。つまり新聞社だけではなく、広告代理店も、メディアコントロールの制度に組み込まれているのである。そして新聞社経営が苦しくなればなるほど、新聞社は政府や広告代理店への依存度を高くする。

新聞社が報道内容をめぐり政府と敵対することは、国家予算という大きな収入を失うことをも意味しかねない。その意味で、新聞の問題を検証する際には、莫大な国家予算を新聞社に流入させる仕組みを把握しておく必要がある。言葉を換えれば、その仕組みが新聞社経営のアキレス腱のひとつであり、新聞社が弱体化すればするほど、それに対する依存度が高くなるのである。

安倍政権になってから、メディアに対する資金的援助は飛躍的に増えている。もちろん資金援助といっても、露骨に新聞社やテレビ局に補助金を支給するわけではない。新聞の公共広告や公共のテレビCMに対する予算を増やすことで、間接的に巨大メディアを支援する形が取られているのだ。

この種の予算には、もちろん海外向けのものもあるが、日本国内を対象としたものとしては、政府広報を担当している内閣府を例に取ると、「重要施策に関する広報」というカテゴリーで分類された予算がある。端的に言えば、これは国策のプロパガンダを目的とした予算である。

資金は、内閣府から大手広告代理店、大手広告代理店から新聞社や放送局などのメディアへ流れる。広告代理店を通さずに直接にウエブサイトの制作会社などに発注が行われるケースも若干あるが、基本的な方法は、広告代理店を通じて、巨大メディアへ広告掲載料などの名目で国家予算を支出する形を取っている。

2012年12月、安倍政権が発足した後、「重要施策に関する広報」に関する支払い実績がどう変化したかを見てみよう。出費額は表3-2のように変化している。

繰り返しになるが、これらの金額の大部分は、広告代理店を通じてメディア企業に流れている。たとえば2015年度を例にすると、「重要施策に関する広報」の総額は60億8600万円であるが、このうち約32億円が電通へ、約25億4500万円が博報堂へ支払われている。そこから新聞社やテレビ局へ、政府広告の掲載料や政府CMの放送料などの名目で支払われているのだ。

表3-2　内閣府のPR事業への支出

【野田政権】	2012年度	38億883万円
【安倍政権】	2013年度	47億1700万円
	2014年度	58億3700万円
	2015年度	60億8600万円

出典：行政事業レビューシート

口頭とメモだけの業務発注

これらの巨大な額の国家予算のうち、博報堂の資金ルートは、見積書なしに、内閣府の裁量で自由に国家予算を支出できる仕組みになっている。つまり内閣府と博報堂の協議を経て新聞社に国家予算を流し込む仕組みがあるのだ。この仕組みは2012年からスタートしている。第2次安部政権が誕生する前年である。そして安部政権下で国家予算の支出が極端にエスカレートしている。その国家予算の中身を順を追って説明しよう。

２０１６年の夏、わたしは内閣府に対してある情報公開請求を行った。わたしが開示を求めたのは、広告代理店が内閣府に送付したPR業務に関連した請求書である。その結果、電通や博報堂など、７社の広告代理店の請求書と契約書が開示された。その中に不可解な請求書と契約書が一組あった。博報堂が請け負ったPR業務に関するものである。

まず、この契約書の内容を説明しよう。契約書の件名は、「政府広報ブランドコンセプトに基づく個別広告テーマの広報実施業務等」である。漠然としたタイトルだが、具体的な業務内容は、契約書に添付された仕様書に記されている。その仕様書の中に、業務内容として次のような説明がある。

政府広報室が指示する下記の仕様に基づき、政府広報ブランドコンセプトに基づいたWEB戦略を含む政府広報コミュニケーション戦略を構築する。

あわせて、より機動的、効果的な広報が実現できるよう、政府広報室が指示する個別広報テーマについて、媒体横断的な広報戦略を企画・立案し、各種ビジュアル（新聞記事下、雑誌、スポット、バナー等）の制作等と行うとともに、新聞記事下、雑誌及びバナー広告の掲載、テレビスポットの放送等を行う。

抽象的な説明だが、「政府広報室が指示する下記の仕様に基づき」「より機動的、効果的な広報が実現できるよう、政府広報室が指示する個別広報テーマについて」新聞の政府広告や雑誌の政府広告、それにテレビCMやバナーなどの制作や掲載・放送を行うという内容だ。

契約の締結日は、2015年4月1日である。契約金額は、6701万58円。ただし、契約金額の下に「契約単価　別紙契約単価内訳表のとおり（消費税別）」と記されている。契約単価とは、たとえば新聞広告の例でいうと、新聞紙面1段あたりのスペースに対する掲載料を意味する。契約単価が100万円であれば、5段広告を出した場合の掲載料は500万円になる。

博報堂から新聞社へ広告掲載料が支払われる関係で、このプロジェクトの契約書には、各新聞社の広告単価が記されている。しかし、その単価はすべて黒塗りになっていた。従って個々の新聞社に内閣府が博報堂を通じて支払った広告掲載料は、だれも知りようがない。判明するのは、支払い総額だけである。

わたしは最初、この契約は約6700万円を限度とする取引であって、単価についての記載は、その内訳を明確にするのが目的だと考えていた。ところが内閣府の説明は、契約額として明記された約６７００万円とは別に、博報堂との打ち合わせなどを通じて、臨機応変に新聞広告やテレビＣＭを発注することができ、その際に単価を基準として計算した金額が請求額になるというものだった。

実際、内閣府はこの方法で博報堂に対して次々と業務を発注し、その累積は約25億円（15年度）にもなったのである。ちなみにこのプロジェクトの落札価格（総合評価入札）は、『官報』（15年６月11日付）によると、約16億９２００万円である。支払い実績の約25億円を約８億円も超過している。

仕事を発注するに際して、博報堂から事前に見積書が提出され、仕事の中身が公式に精査されているのであればまだしも、内閣府の説明によると、口頭とメモだけで博報堂に業務を発注していたという。この実態について、筆者が取材した山下幸夫弁護士は次のように指摘する。

「特定の業者との間で、厳密な見積書も出させないで、口頭とメモだけで次々と発注して多額の契約金を支払うのは平等原則との関係でも問題であるし、契約の透明性の確保という点からも問題が多い。公金の使途を国民がチェックできるようにすべきであるとの観点からは、現在の杜撰な契約と発注のあり方は根本的に見直されるべきである」

内閣府と新聞社の間に介在している広告代理店が、自社と全国の新聞社へより多くの国家予算が広告費として流れ込むように、ある種の操作をする役割を果たしているのだ。内閣府と広告代理店が連携して新聞社をサポートする体制が構築されていると言っても過言ではない。これが国家を巻き込んだ露骨な広告依存型のジャーナリズムの舞台裏なのである。

不明朗な料金体系

当然、内閣府と広告代理店の癒着ぶりも尋常ではない。話が横道にそれるが、この点について若干言及しておこう。わたしは、契約書に契約額として明記されている約６７００万円の中味は何かという別の疑問も感じた。そこで、これについて内閣府に尋ねたところ、「構想費」だとの説明があった。内閣府の説明によると、広報戦略を練るためにほとんど毎日、博報堂の社員とミーティングを開いていたという。その際に受けたアドバイスやアイディアに対する対価が主要な中身だというのだ。厳密に言えば、30秒の動画を２本制作するなど若干の制作業務もあるが、それらに要する予算は推定で１５０万円程度に過ぎない。

しかし、たとえ毎日、ミーティングを開いていたのが事実であるとしても、金額があまりにも高すぎる。たとえば、日当５万円で月に20日働いたとしても年間１２００万円の経費であるから、６７００万円は明らかに不自然な額だ。

「構想費」について、元博報堂の社員で作家の本間龍氏は次のように言う。

「年間の広告戦略を立てるために代理店とスポンサーの広報担当が複数回のミーティングを持つことはよくあります。しかしそれらは大抵の場合、その後作られるＣＭやイベント費の中に『企画費』として含まれることが多く、単体の『構想費』として請求されることはありません。その企画費にしても、大規模な市場調査などでもしない限り、せいぜい高くても５００万円程度止まりのはずです」

本間氏が指摘するように、「構想費」自体にも過剰請求の疑惑があるのだ。ましてミーティングで、博報堂側から広告などの出稿をどんどん増やすようにアドバイスを受け、内閣府がそれを承知していたとすれば、それ自体が異常な構図だ。

「構想費」の額が何を根拠に決められているのかもまったく分からない。実際、おかしなことに12年度から15年度までの「構想費」の額は、図３-３に示すように、年々高くなっている。

図 3-3　内閣府が博報堂に支払った「構想費」の推移

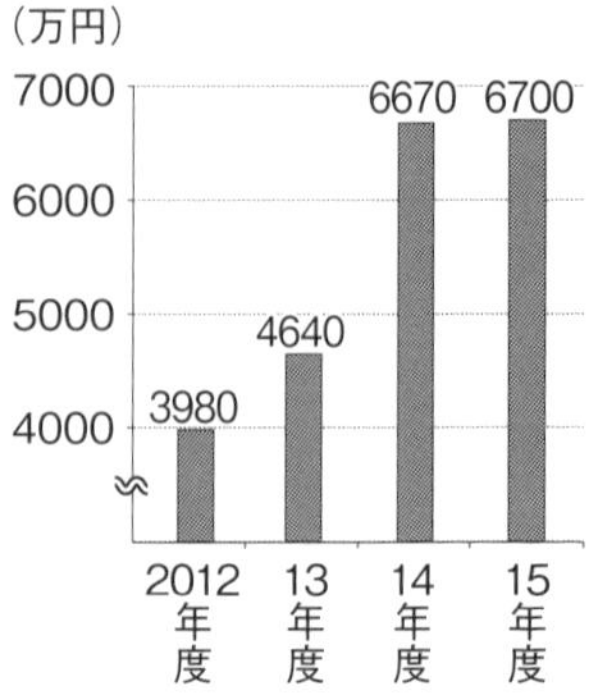

これら不透明な構想費は、請求書で検証する限り、博報堂の利益となっている。つまり広報活動を通じて、内閣府は新聞社だけではなく、広告代理店もみずからの傘下に組み込んで優遇しているのだ。

謎に満ちたプロセス

さらに博報堂が内閣府に発行した請求書そのものにも、不可解な点があることを指摘しておかなければならない。それは見積書に、書類番号（インボイス・ナンバー）の付番がなされていない事実である。

通常、上場企業やその連結子会社は、不正な取引きを防止するために、見積書、請求書、納品書に共通番号を付番して、コンピュータで管理する（共通番号とは限らないこともあるが、システム内で同じ見積書、納品書、請求書がリンクするようになっている）。それにより、どの見積書にどの請求書と納品書が対応しているかを的確に把握する。こうして裏金作りなどの不正経理を防止する努力をしているのだ。

このような管理システムは、大企業ではほぼ常識になっている。逆に言うと、見積書、請求書、納品書が付番され、コンピュータ管理がなされていなければ、公式の会計システ

御請求書

平成　年　月　日

内閣府大臣官房会計課長 殿

東京都港区[redacted]号
[redacted]
代表[redacted]

件名 ： 政府広報ブランドコンセプトに基づく個別広報テーマの広報実施業務等
広報テーマ ： 「社会保障と税の一体改革（マイナンバー制度）」（2016年1月）
（「皆さんの疑問にお答えします。」篇）
（新聞による政府広報広告掲載等業務）
契約71紙 各紙全15段（モノクロ）※但し、市民タイムスのみ全11段（モノクロ）

税込金額合計（円）	税抜金額（円）	消費税（円）
270,734,594	250,680,180	20,054,414

担当：[redacted]

内容	数量	単価（円）	金額（円）	備考
■掲載紙			250,680,180	
		新聞掲載契約単価		
朝日新聞	15段	[redacted]		
毎日新聞				
読売新聞				
日本経済新聞				
産経新聞				
北海道新聞				
東京・中日新聞				
西日本新聞				
釧路新聞				
十勝毎日新聞				
苫小牧民報				
室蘭民報				
函館新聞				
東奥日報				
陸奥新報				
デーリー東北				
秋田魁新報				
北羽新報				
岩手日報				
岩手日日				
山形新聞				
河北新報				
福島民報				
福島民友				
上毛新聞				
茨城新聞				
下野新聞				
千葉日報				
神奈川新聞				
埼玉新聞				
新潟日報				
北日本新聞				
北國・富山新聞				
福井新聞				
日刊県民福井				
信濃毎日新聞				
長野日報				
山梨日日新聞				
静岡新聞				
岐阜新聞				
東愛知新聞				
中部経済新聞				
市民タイムス	11段			
奈良新聞	15段			
京都新聞				
神戸新聞				
伊勢新聞				
紀伊民報				
山陽新聞				
中国新聞				
日本海新聞				
山陰中央新報				
島根日日新聞				
山口新聞				
宇部日報				
四国新聞				
愛媛新聞				
徳島新聞				
高知新聞				
佐賀新聞				
長崎新聞				
大分合同新聞				
熊本日日新聞				
宮崎日日新聞				
夕刊デイリー				
南日本新聞				
琉球新報				
沖縄タイムス				
南海日日新聞				
八重山毎日新聞				
宮古毎日新聞				
計			250,680,180	
消費税			20,054,414	
合計			270,734,594	

以上

受付
28.5.01
内閣府大臣官房会計課

博報堂が内閣府に発行した請求書

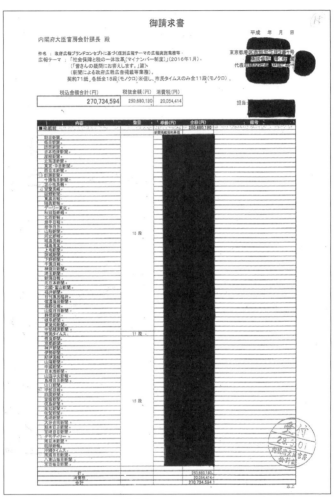

ムからはずれたところで会計処理されている疑惑があり、会計監査などを受けていない可能性や、税務署に正しく売上を申告していない可能性もある。

これに対して博報堂は次のように反論している。

すべての請求業務に社内では請求ナンバーを付写しており、売掛金の不明入金や債権トラブルは発生していません。

さらに、請求書は一般的な表計算ソフトで作成されている。少なくともわたしにはそのように見える。事実、博報堂のロゴが入っていない。書面の発行月日も記されていない。個人業者の請求書であればとにかく、大企業の請求書では通常はあり得ないことだ。

巨額の国家予算を、博報堂を通じて新聞社などに流し込むために、かなり不自然なシステムが構築されているようだ。

このように首相とメディアの会食の裏舞台では、より深刻な事態が進行しているのである。広告依存型のジャーナリズムの域を超え、政府の広報機関の一部として、不透明なかたちで、国家予算が広告代理店と新聞社に割り当てられるシステムがあると言っても過言ではない。従ってこのような構図が崩れると、新聞社がうける経済的な打撃は極めて大きい。逆説的に言えば、広告代理店を巻き込んだこのシステムが、内閣府によるメディアコントロールのアキレス腱になっているのである。

新聞社の経営上の汚点や弱みに付け込むことがメディアコントロールの常套手段であることは、歴史的にも明らかになっている。

たとえば新聞研究者の故新井直之氏は、『新聞戦後史』（栗田出版会、1972年）の中で、その具体例として1938年9月に政府が定めた新聞用紙使用制限令を取りあげている。新聞社の経営上の弱点がどう作用するかについて、次のように述べている。

> 1940年5月、内閣に新聞雑誌統制委員会が設けられ、用紙制限は単なる経済的意味だけでなく、用紙配給の実権を政府が完全に掌握することによって言論界の使命を制しようとするものになった。（略）
>
> 新聞の言論・報道に影響を与えようとするならば、新聞企業の存立を脅かすことが効果的であるということは、今日でも変わっていない。

新聞社の存立が脅かされている現在、政府が報道内容に介入しやすい条件が生まれているのだ。凋落する新聞社の裏面にほかならない。

第4章 「押し紙」問題とは何か？

「押し紙」と「積み紙」

「押し紙」問題を考える場合、あらかじめ「押し紙」に関する特有の言葉を定義しておく必要がある。若干、紛らわしい部分があるので、「押し紙」の実態を詳しく検証する前に、用語を解説しておこう。

わたしは本書の第1章と第2章で、「押し紙」という言葉を2つの意味で使ってきた。

第一に、「販売店が注文した部数を超えて新聞社が搬入する新聞」の意味である。文字通り、「押し売り」された「新聞」のニュアンスである。

第二に、たとえ新聞社が「販売店に対して仕入れを強制した新聞」である証拠がなくても、販売店で過剰になっている新聞の意味で「押し紙」という言葉を使ってきた。いわゆる残紙のことである。社会通念からして、販売予定のない商品を購入する商店はないので、残紙はすべて「押し売り」されたものという常識的な推測に立って、両方とも「押し紙」と呼んできたのである。この定義は、広く社会に浸透している。

これに対して新聞社は、残紙と「押し紙」を同一視する主張に異論を唱え、残紙を「積み紙」と呼んできた。

「積み紙」という言葉は、販売店で過剰になっている新聞は、販売店がみずから希望して注文し、仕入れたものであるという主張に基づいている。店舗の片隅に、過剰になった新聞を積み上げるから「積み紙」と言うらしい。

「積み紙」が発生するプロセスを具体的に見ていこう。

「積み紙」は、折込み広告と表裏の関係にある。販売店に割り当てられる折込み広告の枚数は、販売店に搬入される新聞の総部数に一致させる基本原則がある。たとえば新聞の搬入部数が2000部であれば、搬入される折込み広告の枚数も基本的に2000枚となる。もちろん例外はあるが、伝統的にこのような基本原則がある。

さらに新聞社が販売店に対して支給する補助金も、搬入される新聞の総部数に準じて額が決められる傾向がある。たとえば新聞1部につき500円（月額）の補助金が付くとすれば、2000部を仕入れる販売店は、100万円の補助金を受けることができる。

裁判の証拠保全のために弁護士事務所へ持ち込まれた「押し紙」

このような商慣行は、「押し紙」の場合も変わらない。搬入部数に対して、折込み広告の割り当て枚数が決まり、補助金の額が決まるのだ。従って販売店は、「押し紙」からも、実配新聞と同様に折込み広告料金と補助金を得られる。

こうした取引関係の下では、「押し紙」の損害を折込み広告の「水増し収入」と補助金で相殺できることが少なくない。折込み広告の受注枚数や新聞1部あたりの補助金の額が多い場合などは、「押し紙」による損害を相殺した上に、「押し紙」の仕入れ原価を超える収入を得られることもある。

たとえば新聞1部の卸原価が2000円、折込み広告から得られる収入が1500円、補助金が500円と仮定する。この場合、折込み広告の収入と補助金で、2000円の損害（「押し紙」の卸代金）を相殺できる。折込み広告の収入、あるいは補助金がさらに増えれば、「押し紙」の水増し収入を得ることができる。

事実、販売店が「押し紙」による損害額と、折込み広告による収入や補助金収入による利益を秤にかけ、「押し紙」があった方がより収益が大きくなる場合、販売店側が自主的に実配部数を超える新聞を仕入れることもある。このような新聞を「積み紙」というのだ。新聞社は、販売店の残紙は「押し紙」ではなく、「積み紙」だという立場を取ってきた。

20年ほど前、わたしは日本新聞協会の職員に、「押し紙」について尋ねたいことがあると口頭で申し入れたことがある。その時、この職員は「積み紙のことですか？」と、切り返してきた。

新聞協会が主張してきたように、実際に販売店で残紙になっている部数が、「押し紙」ではなく「積み紙」であるケースもある。また、新聞社と販売店の暗黙の了解で、実配部数を遥かに超えた新聞を販売店に搬入し、お互いがメリットになるように補助金を大幅に増やすなどの工作をすることもある。新聞社はＡＢＣ部数をかさ上げして広告収入を増やし、販売店は折込み広告の水増し収入を得るのである。

ここまでの説明を踏まえて残紙を分類・整理すると、次のようになる。

「押し紙」：販売店が注文した部数を超えて新聞社が搬入する新聞。
「積み紙」：販売店が希望して注文した配達予定のない新聞。

新聞業界の外にいる者は、こうした分類が存在する裏事情を知らない。その結果、社会通念に照らし合わせて、「販売店で過剰になっている新聞」を広義に「押し紙」と呼んでいる。本書は一般読者に向けたものであるから、特別に「積み紙」と表記していない場合を除いて、「押し紙」という言葉を使っている。

しかし、「押し紙」による損害賠償を求める裁判になると、厳密に両者を区別して検証が行われる。参考までに、それを示す「押し紙」裁判の具体例を紹介しておこう。

真村訴訟

裁判の例として引き合いに出すのは、２００７年12月に販売店側の勝訴判決が確定した真村訴訟である。真村訴訟は、販売店主を原告とする地位保全裁判である。その中で、「押し紙」問題が争点となり、読売による「押し紙」政策が認定された。順を追って事件と裁判を説明しよう。

訴訟の原告である真村久三氏は、1990年11月に福岡県の広川町にあるYC広川（読売新聞広川店）の店主になった。それまで自動車教習所の教官をしていたのだが、ローンを組んで自宅を新築したこともあって、より多くの収入を求めるようになった。そんなとき販売店主の公募を見て店主に応募し、採用されたのである。そして販売店での研修を経て、YC広川の店主に就任した。

その時は、日本の新聞社のビジネスモデルのからくりを暴く訴訟に巻き込まれるとは、夢にも思わなかった。

真村氏が販売店経営を始めた当初、新聞の実配部数は、前任者の時代に獲得していた新聞の購読契約が次々と終了したこともあって減った。しかし、搬入される新聞の部数はほとんど変わらなかった。その結果、残紙が発生するようになった。

しかし、真村氏は営業努力により新しい読者を獲得して、「押し紙」を実配部数に変えていった。トラブルもなく経営はおおむね順調だった。読売新聞社との関係も良好だった。

ところが開業から11年後、真村氏は読売新聞社との係争に巻き込まれる。

発端は読売新聞社が打ち出した販売網再編の方針の下で、YC広川の営業区域の一部を隣接するYCへ譲渡する提案を受けたことだった。

YC広川の営業区域は小さかったが、真村氏は自助努力で読者を大幅に増やしていたので、提案を受け入れる気にはなれなかった。理不尽な要求に思えた。自分で開墾した畑がようやく豊富な作物を生むようになったとたんに、畑を奪い取られるように感じた。

そこで真村氏は読売の提案を断った。これに対して読売は、紆余曲折したあげく、最終的に真村氏との取引契約を終了する旨を通告した。

当時、読売は他のＹＣに対しても、強引な方法で販売網の再編に「協力」を求めていた。そのためにトラブルが多発していた。

こうした状況の下で、２００１年、真村氏をはじめ３人の販売店主が読売に対して、地位保全を求める提訴に踏み切った。この裁判は真村訴訟と呼ばれる。「真村」という名前が付されているのは、他の２人の原告のうち１人は最終的に和解で解決し、もう１人のケースはほとんど裁判の争点にならず、真村氏のケースだけに注目が集まったからである。

裁判で争点になったのは、「押し紙」問題だった。地位保全裁判で「押し紙」が争点になったことを読者は奇妙に思うかも知れないが、これについては以下で記述しよう。

なぜ「押し紙」が争点になったのか

次に示す数字は、真村氏が読売新聞社に提出した業務報告書（２０００年12月度）に記入した新聞の部数内訳である。

今月定数：１６２５部
実配：１５８９部

実際の業務報告書にはこの他にもたくさんの項目と数字が並んでいるが、混乱を避けるために、右に引用した「今月定数」と「実配」だけに注目してほしい。「今月定数」とは搬入部数、「実配」とは実際に配った部数である。

両者の差異は、わずか36部にすぎない。この36部は、全体の２％にあたる。この程度の残紙部数では、厳密には「押し紙」とも「積み紙」とも言えない。新聞が配達中に破損するリスクを想定して、販売店は若干の予備紙を確保しておく必要があるからだ。また、見本紙も若干必要であり、36部が余っていたとはいえ、それは正常な範囲である。業務報告書だけを見れば、真村氏の販売店はきわめて健全な経営と言うことができる。

ところが、実態はそうではなかった。実は、約１３０部の新聞が残紙となっていたのである。朝刊の配達を終えた後も、１３０部ほどの残紙があったのだ。

とすれば、なぜ真村氏はこの部数を「実配」に含めて報告したのだろうか。

答えは簡単で、業務報告書に残紙部数を書き込む欄が存在しないからである。となれば業務報告書を作成する際に、真村氏には2つの選択肢しかない。ひとつは本当の実配部数を報告することである。この方法を取れば、搬入部数と実配部数の間に大きな差異があることが、読売サイドに伝わる。

しかし、この方法は真村氏にとってはリスクを伴う。リスクとは読売から営業不振を理由に、新聞の拡販活動を強要される恐れがあることだ。そこで真村氏が選んだのは、これら約130部の残紙を実配部数に含めて報告する方法だった。ゆえに業務報告書に記された実配部数1589部には、約130部の残紙が含まれていたのである。

当然、経理帳簿の上でも、約130部の残紙を実配部数として処理せざるを得ない。実際、真村氏はPC上に、「26区」と命名した架空の配達地区を設け、残紙に相当する部数の架空読者を登録していたのである。

もちろん、読者がいない残紙部数に対しても卸代金を払っていた。普通の新聞と同じように経理処理しなければ、「押し紙」は1部も存在しないという新聞社の建前が崩れてしまうからだ。

しかしこのような経理処理は、客観的に見れば、不正経理に該当する。真村訴訟では、販売店主によるこの種の不正経理、あるいは新聞部数の虚偽報告という行為をどう評価するかが審理されたのである。

読売新聞は、真村氏が信頼関係を崩壊させたので、解任は当然だと主張した。

これに対して真村弁護団は、真村氏が虚偽報告を行っていたことを認めた上で、そうせざるを得なかった理由として、読売新聞による「押し紙」政策の存在を主張した。YC広川にあった残紙は「押し紙」であり、真村氏はそれを実質的に拒否できない立場に置かれていたので、虚偽報告はやむを得なかったと主張したのだ。それゆえに虚偽報告は、改廃理由にはならないという論理を展開したのである。

ここに、地位保全裁判であるにもかかわらず、残紙が「押し紙」か「積み紙」かが争点になった最大の理由があるのだ。26区を真村氏が設定した事実だけを見れば、確かに真村氏が自主的に過剰な新聞を買い入れたことになり、残紙は「積み紙」という論理になるが、その一方で真村氏がそうせざるを得なかった背景に、読売の威圧的な販売政策があった高い可能性を考慮すれば、残紙は「押し紙」ということになる。

この裁判は、真村氏の勝訴だった。ただし裁判所は判決の中で、真村氏が虚偽報告をしていた事実については批判した。批判したうえで次のように述べている。「押し紙」とは何かを如実に示している。

しかしながら、新聞販売店が虚偽報告をする背景には、ひたすら増紙を求め、減紙を極端に嫌う一審被告の方針があり、それは一審被告の体質にさえなっているといっても過言ではない程である。

さらに「押し紙」によるＡＢＣ部数のかさあげ行為について判決は、次のように認定した。

このように、一方で定数と実配数が異なることを知りながら、あえて定数と実配数を一致させることをせず、定数だけをＡＢＣ協会に報告して広告料計算の基礎としているという態度が見られるのであり、これは、自らの利益のためには定数と実配数の齟齬をある程度容認するかのような姿勢であると評されても仕方のないところである。そうであれば、一審原告真村の虚偽報告を一方的に厳しく非難することは、上記のような自らの利益優先の態度と比較して身勝手のそしりを免れないものというべきである。

判決は、読売新聞社の社員による「販売店指導」の実態も、次のように認定している。

販売部数にこだわるのは一審被告（読売）も例外ではなく、一審被告は極端に減紙を嫌う。一審被告は、発行部数の増加を図るために、新聞販売店に対して、増紙が実現するよう営業活動に励むことを強く求め、その一環として毎年増紙目標を定め、その達成を新聞販売店に求めている。このため、「目標達成は全ＹＣの責務である。」「増やした者にのみ栄冠があり、減紙をした者は理由の如何を問わず敗残兵である、増紙こそ正義である。」などと記した文章（甲64）を配布し、定期的に販売会議を開いて、増紙のための努力を求めている。

山田（仮名）部長ら一審被告関係者は、一審被告の新聞販売店で構成する読売会において、「読売新聞販売店には増紙という言葉はあっても、減紙という言葉はない」とも述べている。

「増紙という言葉はあっても、減紙という言葉はない」わけだから、たとえ読者が減っても、新聞販売店への搬入部数は減らさないということになる。その結果、配達されない過剰な新聞が増えていく。

真村訴訟は、はからずも「押し紙」政策の詳細を明らかにした。そしてさらに、残紙も実配部数とまったく同じように経理処理されていることを暴露したのである。それはすなわち「押し紙」を隠す方法にほかならない。「押し紙」は1部も存在しないという新聞社の主張の裏面である。

真村訴訟よりも以前の「押し紙」裁判では、わたしが知る限りでは、第5章で紹介する名古屋高裁判決を除いて、残紙を「積み紙」と判断した判例ばかりである。裁判所も、「不正経理」の背景にある優越的地位の濫用までは解明できなかったのだ。そして販売店側が、過剰な新聞の搬入を明確に断ったことを立証できなければ、残紙は単純に「積み紙」と見なされて、新聞販売店が敗訴してきたのである。

新聞販売ビジネスモデルの機能不全

わたしはこれまで数冊の「押し紙」に関する本を著してきたが、初期の本は「積み紙」の視点がやや欠落していたように思う。確かに新聞社による新聞の押しつけ行為は横行していたが、同時に「積み紙」で高い利益を上げる販売店が多かったことも事実のようだ。

東京都内の元店主は、バブル時代の新聞販売業界を回想して次のように言う。

「販売店の経営は、今も昔も、ほとんど折込み広告の収入で成り立ってきました。折込み広告の需要が多かった時代は、販売店はよく儲かっていました。熱海のフジヤホテルの別館を借り切って○○会（同系統の販売店主で組織した会）の総会を開いたりしていました。A社は、新年会を帝国ホテルで開いていました。ヨットを持っている店主もいました。店主として独立させてもらい、ビルを建てるのが、新聞販売店で働く者の夢でした。決して悪い商売ではありませんでした」

「押し紙」の実態については、次のように話す。

「本社（新聞社）が一方的に過剰な新聞を押し付けてきたことは事実ですが、それで必ずしも販売店が被害を受けるということではありません。たとえば新聞1部の原価が月額2000円としますね。これに対して1部の新聞から月額2600円の折込み広告収入が発生するとします。この場合、『押し紙』の仕入れ代金を差し引いてもまた600円が手元に残るわけです。それに搬入される新聞の総部数に対して補助金がもらえますから、『押し紙』があればあるほど商売が繁盛するような仕組みがあったのです。ただ、折込み広告が少ない地域では、『押し紙』が販売店の負担になっていたはずです」

販売店で新聞が過剰になっていることを新聞社が知っているのかについては、次のように話す。

「もちろん知っているはずです。表向きは、たとえば1梱包分の新聞が販売店に残れば店主を首にするなどと言ってきましたが、担当員が販売店を定期訪問している上に、配達員の人数を把握しているわけですから、担当員がよほどのバカでない限り、実配部数を把握していないはずがありません」

さらに、折込み広告の水増し行為を新聞販売店がどう考えているのかについても質問してみた。大量の折込み広告を広告主に無断で捨てることに罪悪感はないのだろうか。

「折込み広告がなければ販売店の経営が成り立ちませんから、これは必要悪です。本社がそういうビジネスモデルを導入しているわけですから、これだけはどうすることも出来ません。しかし、こうした制度はおかしいと言っている販売店主も数多くいます。折込み詐欺の発覚を恐がっている店主も多いです。かといって『押し紙』を断ると、新聞社は嫌がらせをしてきます。典型的なやり方は、折込み広告の割り当て枚数を新聞の実売部数よりも減らすことです。補助金も減らします。そして最終的に自主廃業へ追い込んでしまうのです。その手口は実に悪質です。自殺した販売店主もたくさんいます」

残紙の規模については次のように話す。

「規模の大きな販売店は、株式会社化して何店舗も持っています。わたしが知っている販売店で、1日に3万部の新聞を仕入れている店がありました。3万部のうち1万部は『積み紙』でした。ですから、廃棄する残紙と折込み広告の量はものすごかったです。折込み広告の収入が、1日に200万円とか250万円のレベルになります。しかし、その一部は広告主からだまし取っているわけです」

新聞販売店の残紙が「押し紙」か「積み紙」かという問題は、個々のケースを詳しく検証しなければ判断できないが、最近の傾向として、「押し紙」の損害を折込み広告や補助金で相殺できないケースが増えている。残紙が「押し紙」の性質を強めて、従来のビジネスモデルが機能しなくなっているのである。しかも、かなり深刻な事態になっている。

その主要な原因のひとつが、折込み広告の搬入枚数が激減していることである。「押し紙」部数に相当する折込み広告が搬入されないケースが増えているというのだ。これは、広告主が水増しの慣行に気づいたからにほかならない。

その結果、残紙の相殺ができなくなってきたのだ。

第5章 「押し紙」の古くて新しい定義

佐賀新聞の「押し紙」訴訟

前章で従来的な「押し紙」の定義について説明したが、最近、「押し紙」の定義を再考する動きが浮上している。その引き金となったのが、佐賀新聞の元店主が2016年8月、佐賀地裁に起こした「押し紙」裁判である。

この裁判の原告代理人を務める江上武幸弁護士らのグループが、過去の公正取引委員会の「押し紙」についての見解や裁判の判例を再検討して、「正常な新聞販売店経営に不要な新聞は、『積み紙』も含め、すべて『押し紙』と定義すべきだ」という見解を、訴状の中で明らかにしたのである。

正常な新聞販売店経営に不要な新聞とは、具体的には、「実配部数に予備紙を加えた新聞部数」を超える残紙のことである。逆説的に言えば、「実配部数に予備紙を加えた部数」が正常な新聞販売店経営に必要な部数で、それを超える部数は、すべて「押し紙」という考えである。

この点に言及する前に、まず、佐賀新聞の「押し紙」裁判について説明しておこう。

原告の寺崎氏は、2009年4月に佐賀新聞吉野ヶ里販売店の経営者になった。そして2015年12月末、「押し紙」が原因で自主廃業した。負担させられていた「押し紙」の割合は、当初10％程度だったが、ピーク時の2012年6月には約19％になった。

その後、佐賀新聞社が全販売店を対象に「押し紙」を減らしたこともあり、廃業時には約14％だった。新聞部数の内訳など具体的な数字でいえば、廃業時の2015年12月は、次のようになる。

搬入部数：2830部
実配部数：2438部
押し紙：392部
損害額：66万1696円（月額）

寺崎氏は、繰り返し佐賀新聞社に対して「押し紙」を減らすように求めたが、同社は申し出には応じなかった。その様子は録音記録としても残っている。たとえば次に示すのは、2015年8月11日に録音された原告店主と販売局の部長の会話である。

部長：そもそもさ、今、定数（黒薮注：搬入部数）が2750ぐらいだっけ。定数が2750としてさ。
店主：定数、今2850ですかね。
部長：2850として、これ、実配は幾らて？
店主：今朝の段階で、余ってるのが370です。
（略）
部長：（面談記録を見ながら）昨年の10月27日の面談では、この日は、今残紙が390台です。400近いですとあります。
（略）
部長：かといって、新聞社の事情を言えば、そいぎ紙ばいっぱい刷って送る（略、聞き取り困難）やっかい。それはもう、多分限界やと思う、これは。俺はそんなん嫌やし。そもそも、誰も読んでないような、新聞刷りまくってさ、俺は嫌。

でも、今の仕組みがそうだから、しょうがないよな。すぐには変えられない。

部長みずから、「誰も読んでないような、新聞刷りまくってさ、俺は嫌」とつぶやいているのだ。それにもかかわらず「押し紙」政策は維持された。その結果、寺崎氏は「押し紙」の負担で経営が悪化して新聞代金の納金が遅れるようになり、２０１５年12月末日付で自主廃業に追い込まれた。

名古屋高裁判決の画期性

寺崎氏のケースでは、新聞の減部数を求めているにもかかわらず、佐賀新聞社がそれに応じていないわけだから、従来の「押し紙」の定義に照らし合わせても、「押し紙」政策を立証できる可能性が高い。しかし、江上弁護士らは、たとえ「押し売り」の事実がなくても、佐賀新聞社の販売政策が新聞特殊指定に違反していることを示す、別の論拠を準備したのである。

江上弁護士らが検証した判例のひとつに、岐阜新聞の元店主が起こした「押し紙」裁判の名古屋高裁判決（２００３年）がある。この裁判では、元店主の金銭請求は棄却されたが、はからずも名古屋高裁は画期的な「押し紙」の定義を示し、それに則して、争点となった残紙を「押し紙」と認定したのである。

この裁判で名古屋高裁が示した「押し紙」の定義は、従来の定義、つまり新聞社による押し売り行為の有無とは無関係なものだった。正常な販売店経営にとって不要な新聞、つまり「実配部数に適正な予備部数を加えた部数」が真の注文部数であり、それを超える新聞はすべて「押し紙」と認定すべきとしたのである。判決を引用しておこう。

独禁法が「一般消費者の利益を確保するとともに、国民経済の民主的で健全な発達を促進することを目的とする」経済取締り法規であり、これに基づく本件告示が特殊指定であり、もっぱら客観的要件を重視していることにかんがみると、主観的認識の有無を不法行為に関する違法性について考慮することはともかく、「押し紙」の有無について考慮することは適当ではないというべきである。

まず、独禁法の目的について判決は、「一般消費者の利益を確保するとともに、国民経済の民主的で健全な発達を促進することを目的とする」と述べている。この目的を達成するために特別に定められたのが、特殊指定と呼ばれる運用細則である。新聞業の場合は、新聞特殊指定にそれが定められている。

この特殊指定の性質は、名古屋高裁判決によると、「客観的要件を重視している」のだという。「客観的要件」とは何かと言えば、その対極にあたる個人の主観を排した機械的な、ある意味では誤解の余地のない単純明快な要件ということになる。

「客観的要件」のひとつの例を挙げるとすれば、たとえば販売店が新聞を発注する際には、新聞社の担当員と注文部数をめぐる「交渉」が行われるわけだが、言葉のキャッチボールの中で、店側は新聞の発注部数を増やすように新聞社から強制されたような感覚を受けるかも知れない。逆に新聞社側は、強制したという感覚はもたないかも知れない。

強制したか否かは個人の心の持ち方、つまり主観を抜きにして判断することはできない。そこで名古屋高裁判決は、残紙が「押し紙」にあたるかどうかを判断する際に、この種の主観的な要素は排除して、もっぱら「客観的要件」だけで、残紙が「押し紙」かどうかを判断するのが理にかなっていると述べているのである。

すなわち、「主観的認識の有無」は「『押し紙』の有無について考慮する」際には「適当ではない」、と提言しているのだ。

とすれば、その判断基準はなにか？　それは既に述べたように、「実配部数＋予備紙」を真の注文部数とし、それを超える部数をすべて「押し紙」と認定する論法である。

ある意味では、極めて簡潔明瞭なのだ。ここでは、「押し紙」の定義をめぐる従来の論争は一切排除され、客観的で分かりやすい基準が示されているのである。

このような理論を名古屋高裁が提示した理由は、繰り返しになるが、新聞特殊指定は運用規則なので、その条文は、主観を排した客観的なものが求められるからである。特殊指定が主観でどうにでも解釈できるあいまいなものでは、運用規則としての資格があやしくなるのである。

しかし、その特殊指定をこれまで新聞社が歪曲してきた結果、「押し紙」の認定が必要以上に複雑になった事情がある。とすれば、新聞社が何を歪曲してきたかを明らかにすることは、新聞特殊指定における「押し紙」の定義を正しく解釈するための一助になるかも知れない。

新聞特殊指定を再考する

新聞特殊指定は、厳密には「新聞業における特定の不公正な取引方法」と呼ばれている。具体的には、次の行為が「新聞業における特定の不公正な取引方法」として定められている。最新のものは２００９年に改訂され、全部で3項目あり、「押し紙」については次のように定義している。

［3］発行業者が、販売業者に対し、正当かつ合理的な理由がないのに、次の各号のいずれかに該当する行為をすることにより、販売業者に不利益を与えること。

一　販売業者が注文した部数を超えて新聞を供給すること（販売業者からの減紙の申出に応じない方法による場合を含む。）。

二　販売業者に自己の指示する部数を注文させ、当該部数の新聞を供給すること。

これらの条項を正しく解釈するためには、新聞特殊指定の歴史をふり返る必要がある。読者は、右記の条文で「押し紙」は簡単に取り締まることが出来ると思うかも知れないが、歪曲した解釈が広がってしまうと一筋縄ではいかない。たとえ特殊指定で「注文した部数を超えて新聞を供給」する行為を「押し紙」行為と定義していても、「注文した部数」の定義をねじ曲げれば、「押し紙」を取り締まることができない。

たとえば販売店が注文部数を発注書に書き込む際に、新聞社から注文部数を増やすようにしつこく言われ、それに応じて実配部数を大きく超える部数を書き込むケースは珍しくない。これは特殊指定でいう注文部数ではない。

これまで起こされた「押し紙」裁判では、大半が販売店が敗訴しているわけだが、その最大の原因が、注文部数の定義を、販売店が発注書に書き込んだ数字としてきたからにほかならない。

しかし、公正取引委員会は、すでに1964年の段階で、注文部数の定義を次のように定めている。古い新聞特殊指定、「昭和39年告知」から引用してみよう。

[2] この要綱において「注文部数」とは販売業者が新聞社に注文する部数であって、新聞購読部数（有代）に地区新聞公正取引協議会が定める予備紙等（有代）を加えたものをいう。（黒薮注：区新聞公正取引協議会とは、おおざっぱに言えば日本新聞協会の販売委員会のことである。その下部組織として、全国に11の地区新聞公正取引協議会（地区協）が置かれている。）

引用文の[2]に示されているように、注文部数とは、「新聞購読部数（有代）に地区新聞公正取引協議会が定める予備紙等（有代）を加えたもの」である。それをオーバーした部数は、理由の如何によらず全て「押し紙」である。ちなみに地区新聞公正取引協議会が定める「予備紙等」とは、新聞の搬入部数の2％である。

このような解釈の方向性は、新聞特殊指定の他の文面とも整合している。たとえば新聞特殊指定の［3］の冒頭は、新聞業における「不公正な取引方法」を次のように定義している。

［3］発行業者が、販売業者に対し、正当かつ合理的な理由がないのに、次の各号のいずれかに該当する行為をすることにより、販売業者に不利益を与えること。

「次の各号のいずれかに該当する行為」とは、「販売業者が注文した部数を超えて新聞を供給する」行為と、「販売業者に自己の指示する部数を注文させ、当該部数の新聞を供給する」行為である。これらの行為を禁止しているのである。

しかし、［3］を注意深く読むと、「正当かつ合理的な理由がないのに」という条件を付して、例外的に新聞の買い取りを強制できるケースがあることを提示している。

結論を先に言えば、それは適正な予備紙の買い取りを強制することである。たとえば販売店が実配部数しか注文しなかった場合は、適正予備紙の買い取りを強制することができるのだ。

この例外事項は、公正取引委員会が２００９年6月30日に新聞特殊指定改訂に際して開いた公聴会の議事録にも記されている。次の2つの類型である。

1、「正常な商慣習に照らして適当と認められる部数の予備紙、予約紙などを付加して供給する」行為。

2、「販売業者が予備紙等を含めないで注文している場合に、これに適切な予備紙を付加して供給する」行為。

そしてここから先が特に肝心なのだが、これ以外の類型で新聞の買い取りを強制する「正当かつ合理的な理由」は、一切存在しないと結論づけているのである。回りくどい表現で分かりにくいが、原文をそのまま引用しておこう。

「正当かつ合理的な理由がないのに」との規定は、例えば、正常な商慣習に照らして適当と認められる部数の予備紙、予約紙などを付加して供給する場合は除外されるとする趣旨のものであります。通常、販売業者は、予備紙等を含めて注文することとなっていると承知しておりますが、このような取引形態ではなく、販売業者が予備紙等を含めないで注文している場合に、これに適切な予備紙を付加して供給することを例外的に許容する趣旨であります。現時点では、これ以外に正当かつ合理的な理由がある場合は想定し難いと考えております。

適切な予備紙の強制は認められるが、それ以外はどのような類型も認められないと謳っているのである。

「予備紙」の定義をどうするか

しかし、2009年に施行されたこのような厳しい新聞特殊指定の前に、新聞協会側も沈黙したわけではなかった。新聞、予備紙「2%ルール」を廃止してこれに対抗したのである。「2%ルール」があれば、2%を超える予備紙は「押し紙」ということになるが、これがなければ残紙はすべて予備紙であり、「押し紙」ではないという新しい詭弁が成り立つからだ。事実、2009年の特殊指定改訂の後、残紙のことを「予備紙」と呼んでいる新聞社もある。従って帳簿上では、予備紙が搬入部数の20%にも30%にもなっている販売店も存在するのだ。

実際、朝日新聞を被告としたASA宮崎大塚の「押し紙」裁判で、2011年9月に次のような奇妙な判決が下されている。

予備紙はその性格上、当該販売区域の販売店経営者がその裁量により判断するものであり、被告が一律に決し得るものではない。（略）原告は、予備紙を含めた注文部数を、自らの判断で被告に注文していたものであり、原告が仕入れた予備紙が被告ないし被告の担当員から強制されて仕入れたものであると認めることはできない。

机上の論理の典型といえるだろう。新聞特殊指定の解釈も考慮されていない。新聞公正取引協議会は、公正取引委員会が「押し紙」を取り締まるために2009年に改訂した新聞特殊指定を骨抜きにするため、「2％ルール」を撤廃したと言っても過言ではない。一方、公正取引委員会としては、「2％ルール」が撤廃されることは想定していなかったのではないか。

いずれにしても、適正な予備紙とは何かという新しいテーマが、今後、浮上してくるのではないか。佐賀新聞の「押し紙」裁判では、裁判所が予備紙をどう定義するかが注目されるのである。搬入部数の10％にも20％にもなっていた残紙を果たして予備紙と言えるのだろうか。

第6章 「押し紙」の歴史と実態

「押し紙」は戦前からあった!?

本章では、「押し紙」の歴史をさかのぼってみよう。それにより、「押し紙」政策が、日本の新聞社の販売政策の柱になってきたことが明らかになるだろう。

あらかじめ念を押しておくが、ここでは、「押し紙」という言葉を広義に使用して、その責任が新聞社にあるか、販売店にあるかは問わない。また、文脈の流れの中で、必要に応じて「積み紙」「残紙」という言葉も使い分ける。

「押し紙」が戦前からあったと言えば、読者は驚くに違いない。さすがに戦前の「押し紙」を裏付ける帳簿類は残っていないが、日販協（日本新聞販売協会）が編集した『新聞販売概史』という本の中に、戦前の「押し紙」についての記述がある。

「深刻化する残紙と乱売」と題する章に、昭和5年に新聞販売店の店員が「押し紙」を告発した記録が紹介されている。それによると、当時は「押し紙」のしわ寄せが販売店の店員にまで及んでいたという。なぜ店員が被害を受けたのか。

販売店には、実配部数を超えた部数の新聞が搬入される。そのために販売店は新聞拡販に奔走せざるを得ない。実配部数を超えた部数に相当する数の新規購読者をみつけるために、店員にノルマが課せられる。ノルマを達成できなかった店員は、給料からノルマ分の新聞購読料を毎月天引きされる。

『新聞販売概史』によると、このような慣行の下で、昭和5年（1930年）に岩月管理所という販売店の店員が、「山積せる残紙は消滅されるでしょうか」と題する告発文を販売店の主任宛てに送ったというのである。

この記述が事実とすれば、日本の新聞社は、90年近くにわたって「押し紙」政策を続けてきたことになる。

しかし、「押し紙」が深刻になったのは、戦後である。その理由は、日本の新聞販売制度が、敗戦を機に合売店制度から専売店を中心とした制度に切り替わったからである。

専売店というのは、特定の新聞社と縦の系列関係にある販売店のことである。これに対して合売店は、縦の系列関係がない。従って特定の新聞だけに限定した拡販活動は行わない。新聞の購読勧誘を行う際も、読者に購読紙を選択させることが多い。特定の新聞だけに特化した購読勧誘を行う義務が原則的にないからだ。

しかし、実際には、たとえば朝日新聞の専売店が毎日新聞や産経新聞を配達しているケースなどもある。ただ、これは毎日新聞社や産経新聞社が、朝日新聞の専売店に業務を委託しているに過ぎない。ほとんどの場合、合売店ではない。合売店というためには、販売店と新聞社が縦の系列関係になっていないことが条件となる。

新聞販売店が合売店なのか、それとも専売店なのかは、販売店の店舗にかかっている看板を見ただけでは分からないが、現在では、僻地を除いて合売店はほとんどないのが実態だ。新聞各社は原則として、専売店制度の下で、他社をライバル視しながら、熾烈な新聞拡販競争を展開してきたのである。それが「押し紙」を増やす大きな要因になったと言えるだろう。

「押し紙」政策を徹底しても、日本経済の成長に伴って新聞の購読者が増えていた時代は、相対的に見れば販売店が大きな損害を受けることはなかった。新聞拡販の成果があがっていたうえに、折込み広告の需要が高かったからである。「押し紙」によるトラブルが皆無というわけではなかったが、現在のように深刻ではなかった。

日販協のアンケート結果

戦後、初めて「押し紙」問題が全国的な話題になったのは、1970年代の終わりだった。新聞販売店の間で「押し紙」に対する問題意識が高まり、日販協が1977年に全国レベルの調査に乗りだした。全国の新聞販売店を対象にしたアンケートによる「押し紙」の実態調査だった。

もっとも日販協は「残紙」という言葉を使っているが、実態は「押し紙」であった可能性が高い。後に紹介するように、アンケート結果について、当時の日販協会長・上木深氏のコメントが、新聞の押し売りを批判するものになっているからだ。新聞社に配慮して残紙という言葉を使ったのだろう。

アンケート調査の結果、1店舗当たり全国平均で、搬入部数の8・3％が「押し紙」になっていることが判明した。

日販協がその実態を把握しようとしたことは高く評価できるが、残念ながら調査方法がアンケートだったので、これは参考データでしかない。しかし、このような調査が実施された背景には、新聞の押し売りに対する新聞店主らの不満が渦巻いていた事情があったことは間違いない。

調査結果を受けて、日販協・上木会長は、次のような要望書を新聞各社に送った。

（前略）「わが社に限って押紙などない筈だ。販売責任者から、そのように報告を受けている」といわれる経営者としてのお言葉が返ってくるかもわかりませんが、当協会が全国的に販売店についてアンケート調査をした結果をみますと、一店平均８・３％の残紙を保有していることになります。別添「日販協月報」第一面記事をご覧下されぱお判り頂けると存じますが、この調査からの推計によれば、年額17・９万トン、２０７億円に相当する新聞用紙を無駄に消費し、これを新聞店に押しつけ、さらに莫大な拡材費（黒薮注：景品に使用する費用）をかけて、ほんの一部の浮動読者の奪い合いを演じている実態を見るとき、ひとり一社の損得計算に止まらず、わが国の新聞産業全体の大局からみても、その利害得失は果たしてどうであるのか、経営責任者である貴台には十分おわかりのことと存じます。（後略）

言葉こそ「残紙」を用いているが、その反社会性を指摘している内容は、事実上「押し紙」批判と捉えることができるだろう。

「押し紙」の国会質問――読売新聞の事例

それから数年後の1981年、ひとりの元販売店主が公正取引委員会に自店の「押し紙」を内部告発した。告発者は、奈良県の読売新聞鶴舞直売所の所長・北田敬一氏だった。北田氏の資料は、後に「北田資料」と呼ばれるようになり、国会でも問題になった。

国会質問を水面下で組織したのは、全販労（全日本新聞販売労組）の事務局長だった沢田治氏だった。沢田氏は、みずからの地元である滋賀県から選出されていた共産党の瀬崎博義議員や公明党の草川昭三議員に「押し紙」に関する資料を提供するなど、国会を舞台とする新聞販売問題の追及に火を点けた。

これに応えるかたちで、1980年3月から1985年4月までの間に、共産党、公明党、社会党（現社民党）の3党が、計15回にわたって新聞販売に関する質問をおこなった。この中に「押し紙」をテーマとするものが含まれていたことは言うまでもない。

たとえば瀬崎博義議員は、1982年3月8日に、「北田資料」をもとにして「押し紙」問題を取り上げている。

表6-1は、瀬崎議員が質問の中で指摘した読売新聞鶴舞直売所の「押し紙」の実態で

ある。ただし、読売はこれらが「押し紙」であるとは認めていない。公正取引委員会が読売に対して指導に乗りだすこともなかった。

瀬崎氏の質問から、「押し紙」の実態についての発言を引用しておこう。

北田さんが提供した資料というのは、ただいま大臣にお見せしたその資料の三枚目以下をごらんいただいたらいいのですが、先ほど言いましたように、まさに直接、取

表 6-1　読売新聞鶴舞直売所の取引の実態（76 ～ 81 年）

年月	本社送り部数	実配数	残数
1976 年 1 月	791	556	235
1976 年 6 月	870	629	241
1977 年 1 月	910	629	281
1977 年 6 月	950	626	324
1978 年 1 月	1030	614	416
1978 年 6 月	1050	689	361
1979 年 1 月	1095	680	415
1979 年 6 月	1035	627	408
1980 年 1 月	1100	608	492
1980 年 6 月	1100	675	425
【本社担当員と減紙交渉】			
1980 年 7 月	720	676	44
1981 年 1 月	770	591	179
1981 年 5 月	815	644	171
1981 年 6 月	【廃業】		

引の実態を示す資料なんですよ。それはごく一部であります。

若干御紹介しますと、③というのが、いわゆる売れない新聞を押しつけてきている実態であります。本社送り部数は本社のコンピューターで打ち出された内訳書の新聞代請求額明細より拾ってあります。それから実配数は北田販売店の読者一覧表から集計をしたものであります。

これで見てわかりますように、51年の1月、本社送り部数791、実際の配っている部数556、残紙235、残紙率29・7％、52年1月送り部数910にふえます。実配数629、残紙数281、残紙率30・9％に上がります。53年1月本社送り部数1030、実配数614、残紙416、残紙率は40・4％になります。54年1月送り部数1095、実配数680、残紙415、残紙率37・9％、途中ちょっと飛ばしますが、55年6月送り部数1100、実配数675、残紙425、残紙率38・6％、平均して大体3割から4割残っていくわけなんです。

そういう状態がずっと続いたものですから、このままではとうてい成り立たないというので北田さんは55年の6月、本社の送り部数を実情に合わせて減らしてほしい、こういう交渉を始めたわけです。確かに減らしてくれたのです。55年7月には送り部数が720になりました。この時点では実配数676で残紙は44部、わずかに6・

1%、この程度ならあるいは常識と言えるかもしれません。ところがすぐまた送り部数がふえてきた、56年1月には770送ってくる。56年5月には815送ってくる。結局残紙の方も大体200近くなって、残紙率20%になる。しかも、こういうふうに送り部数を減らしたということで、先ほど言ったように読売本社から圧力をかけられて廃業に追い込まれた、こういうふうな状況なんです。

こういう残紙のすさまじさは、去年も、大阪豊中市の樋口販売店、これは日経でしたが、その残紙状況で説明した。つまり残紙回収業者というものがりっぱな企業として成り立っておるという実態。そのときの残紙商がウエダという会社でした。北田さんの場合もまたウエダが回収に回っておるのです。

しかし、国会質問によって、「押し紙」問題にメスが入ったわけではなかった。沢田治氏によると、国会の傍聴席は常に新聞記者で一杯になっていたが、彼らがこの問題を報じることはなかった。記者は取材していたのではなく、自社のために情報を収集していたのである。

結局、1980年代に「押し紙」問題が広く国民に知らされることはなかった。

「積み紙」が「押し紙」へ

実際、新聞販売問題を追及した一連の国会質問が終わった1985年から後、約10年の間は、わたしが調べた範囲では、新聞販売店が「押し紙」の内部告発をしたケースは見あたらない。しかし、それをもってして正常な新聞販売が行われていたとは必ずしも言えない。バブル景気の下で、残紙の中身が「積み紙」になり、それにより折込み広告の水増しと、補助金で損害を相殺するビジネスモデルが順調に機能していた結果とも考え得るのである。

事実、1990年代の初頭にバブル経済が崩壊したのち、再び「押し紙」問題が浮上してくる。

新聞販売店は、いくら残紙があっても、それが「積み紙」の性質を帯びている限りは、あえて残紙の内部告発に踏み切ることはない。考えてみれば、これは随分身勝手な姿勢のようにも思えるが、新聞社のビジネスモデルそのものが「押し紙」の相殺を中心に据えたものになっているわけだから、それに異を唱えることはできない。異を唱えるとすれば、廃業するしかない。

しかし、インターネットの台頭を主たる要因として新聞の部数や折込み広告の需要が減ったり、新聞からの補助金が削減されるなどして、「積み紙」のメリットがなくなってくると、販売店は残紙を「押し紙」として内部告発したりする。もちろんこのようなプロセスは経ずに、最初から「押し紙」だったケースもある。

たとえば１９９７年６月、北國新聞の販売店主５人が総額で約２億１３００万円の賠償を求める「押し紙」裁判を金沢地裁で起こした。請求額は、過去９年のあいだに５店が支払った「押し紙」代金である。「押し紙」率は、販売店によって異なるが、約10％から40％である。

北國新聞の「押し紙」裁判は、原告の和解勝訴だった。

既に第１章で述べたように、この年の12月に公正取引委員会が北國新聞社に対して「押し紙」の排除命令を下した。「押し紙」行為に対して、独禁法が初めて適用されたのである。残紙の中身が「押し紙」と認定されたのだ。

２０００年代に入るころから、「押し紙」の規模が急激に大きくなる。これも、残紙が増えたのではなく、もともと大量の残紙があったと考えるのが妥当だ。残紙が「積み紙」である間は販売店は何も言わないが、それが「押し紙」の性質を帯びてくると、経営を圧迫される。その結果、「押し紙」を内部告発する動きが再浮上したケースがあると考えるのが自然だ。

ある時、わたしは栃木県の新聞販売店で働いていたという青年から、内部告発を受けた。自分が勤務していた販売店では、約4000部の新聞が搬入されていたが、そのうち配達しているのは、半分の約2000部だけだったというのだった。これらの残紙が「押し紙」なのか、それとも「積み紙」なのかは不明だが、尋常ではない事態を内部告発したのだ。

搬入される新聞の50％が残紙という実態を、わたしはにわかに信じられなかった。これはガセネタだと思って放置していた。

産経新聞の「押し紙」

ところがそれから数カ月後、全販労の沢田治氏から、大阪府の産経新聞・四条畷販売所の元店主が「押し紙」裁判を起こしたと知らされ、取材したところ、40％から50％の「押し紙」率が判明した。廃業の直前には、約5000部の搬入部数に対して約2000部が「押し紙」になっていたのである。

もちろん産経新聞社は、原告が「押し紙」だと主張している新聞は「積み紙」だと主張

表6-2　産経新聞・東浅草販売店の「押し紙」

年月		実配部数	総部数	「押し紙」
2000年	10月	437	658	221
	11月	430	927	497
	12月	430	934	504
2001年	1月	411	954	543
	2月	416	954	538
	3月	414	954	540
	4月	409	994	585
	5月	404	966	562
	6月	390	966	576
	7月	400	986	586
	8月	398	975	577

した。判決は、原告の敗訴だった。裁判所は四条畷販売所に多量の残紙があったことは認めたが、それが「押し売りされた新聞」とは認めなかった。

四条畷販売所に多量にあった残紙を、裁判所が「押し紙」とは認めなかったのは、「原告が被告に対して本件契約に基づく取引部数を減少するように申入れをした的確な証拠は見当たらない」からである。

2000年代の前半は、産経新聞の販売店が「押し紙」裁判を起こすケースが相次いだ。

表6-2は、産経新聞・東浅草販売店（東京都台東区）における「押し紙」の実態である。2001年12月の時点でみると、65％が「押し紙」になっている。この裁判は第1審で産経が勝訴し、第2審で和解解決した。

表6-3は、産経新聞・岡町東店（大阪府豊中市）と同西店における「押し紙」の実態である。2つの販売店の店主は同一人物である。店主は廃業後に「押し紙」裁判を起こした

表 6-3　産経新聞・岡町東店と岡町西店の「押し紙」と損害額

年月	搬入部数	実配数(岡町東店)	実配数(岡町西店)推定	「押し紙」(抱き紙)数	損害額
1999年1月	4142	1641	652	1849	328万5673
1999年2月	4271	1636	652	1983	352万3791
1999年3月	4021	1632	652	1737	308万6649
1999年4月	4021	1622	652	1747	310万4419
1999年5月	3872	1629	652	1591	282万7207
1999年6月	3872	1634	652	1586	281万8322
1999年7月	3872	1613	652	1607	285万5639
1999年8月	3872	1605	652	1615	286万9855
1999年9月	3872	1583	652	1637	290万8949
1999年10月	3872	1576	652	1644	292万1388
1999年11月	3622	1566	652	1404	249万4908
1999年12月	3622	1576	652	1394	247万7138
小計	4万6931	1万9313	7842	1万9794	3517万3938
2000年1月	3622	1560	652	1410	250万5570
2000年2月	3506	1562	652	1292	229万5884
2000年3月	3506	1553	652	1301	231万1877
2000年4月	2806	1550	0	1256	223万1912
2000年5月	2806	1553	0	1253	222万6581
2000年6月	2806	1564	0	1242	220万7034
2000年7月	2806	1556	0	1250	222万1250
2000年8月	2806	1543	0	1263	224万4351
2000年9月	2806	1544	0	1262	224万2574
2000年10月	2426	1516	0	910	161万7070
2000年11月	2426	1512	0	914	162万4178
2000年12月	2426	1505	0	921	163万6617
小計	3万4748	1万8518	1956	1万4274	2536万4898
2001年1月	2426	1467	0	959	170万4143
2001年2月	2426	1437	0	989	175万7453
2001年3月	2426	1459	0	967	171万8359
2001年4月	2459	1447	0	1012	179万8324
2001年5月	2459	1432	0	1027	182万4979
2001年6月	2459	1417	0	1042	185万1634
2001年7月	2459	1396	0	1063	188万8951
2001年8月	2459	1401	0	1058	188万0066
2001年9月	2459	1412	0	1047	186万0519
小計	2万2032	1万2868	0	9164	1628万4428
総計	10万3711	5万0699	9780	4万3232	7682万3264

が敗訴した。残紙を「積み紙」と判断されたのだ。残紙率は42％である。

これら2つの訴訟結果から、産経新聞の残紙が相対的に多かったことが推測できる。それにもかかわらず残紙が「押し紙」と認定されなかったのは、過剰な新聞の搬入を販売店側が断った証拠がなかったからだ。裁判所は新聞特殊指定（実配部数＋予備紙以外は全て「押し紙」）を根拠として、司法判断をしなかったことになる。

２０００年代の前半、産経新聞の販売店には多量の「押し紙」があったといえよう。しかしその後、産経新聞は「押し紙」を大幅に減らした。事実、２００８年5月から、1年の間にＡＢＣ部数が約48万５０００部減っている。

ところが実配部数が減るに従って、再び「押し紙」問題が浮上したようだ。わたしが２０１6年4月に千葉県の販売店主から入手した自店の資料はそれを裏付けていた。それによると、産経新聞は２０１５年4月、この販売店に対する新聞の搬入部数を調整した。その結果、６００部搬入されていたものが４４5部になった。１５5部が「押し紙」だったことになる。「押し紙」率にすると26％である。

表6-4　毎日新聞・豊中・蛍ケ池販売所の部数内訳

豊中販売所

年・月	朝刊搬入部数	実売部数	プラス予備紙2%	押し紙部数
2003年6月	1,750	475	485	1,265
2004年6月	1,750	479	489	1,261
2005年6月	1,760	480	490	1,270
2006年6月	1,770	467	476	1,294

蛍ケ池販売所

年・月	朝刊搬入部数	実売部数	プラス予備紙2%	押し紙部数
2003年6月	2,280	795	811	1,469
2004年6月	2,280	779	795	1,485
2005年6月	2,290	742	757	1,533
2006年6月	2,300	728	743	1,557

毎日新聞の「押し紙」

毎日新聞の場合は、販売店によって「押し紙」率が極端に高い例がある。その代表的なデータとして、毎日新聞・豊中販売所（大阪府豊中市）と蛍池販売所（大阪府豊中市）のものがある。経営者は両店とも故高屋肇氏だった。

表6－4は豊中・蛍池両店における2003年から2006年までの各6月の部数内訳である。「押し紙」率が70％を超えている月もある。これだけ高い「押し紙」率でありながらなんとか経営が維持できていたのは、既に述べたように、販売店に対する折込み広告の割り当て枚

数を新聞の搬入部数に一致させる原則があるからだ。それにより折込み広告の水増し収入を得られる。また、新聞の搬入部数に準じて、新聞社から補助金が支給されるからでもある。

最近の例としては、千葉県にある新聞販売店の例を紹介しよう。

わたしの手元に「毎日新聞　増減報告書」と題する書面がある。これは販売店への新聞の搬入部数の増減数を示したものである。2015年8月17日付の書面を例にすると、「増減数」の欄に、「▲900」部とある。これは朝刊の搬入部数を900部減らしたことを意味する。その結果、この販売店が扱う総部数は、312部になったのである。

つまり900部を減らす前は、1212部（900部+312部）が搬入されて、900部が過剰になっていたことを意味する。この900部が広義の「押し紙」である。搬入される新聞の74%が「押し紙」になっていたのである。

朝日新聞の「押し紙」

「押し紙」問題は、日刊紙を発行しているすべての新聞社に共通していると言っても過言ではない。少なくともわたしがこれまでに取材した新聞社については、一社の例外もな

表 6-5　愛知県伊予郡の朝日新聞販売店への送り部数と実数

	1999年9月	同年10月	同年11月	同年12月	2000年1月	同年2月
送り部数	900	900	900	900	910	900
実配数	770	761	753	751	743	740
残数	130	139	147	149	167	160
損害金額	22万8969円	24万4820円	25万8911円	26万2433円	29万4137円	28万1808円

	2000年3月	同年4月	同年5月	同年6月	同年7月	同年8月
送り部数	900	900	900	900	900	900
実配数	736	727	726	733	741	742
残数	164	173	174	167	159	158
損害金額	28万8583円	30万4704円	30万6466円	29万4137円	28万0046円	27万8285円

く「押し紙」の存在を確認できた。

朝日新聞については、その比較的リベラルな論調から、「朝日に限って、『押し紙』はない」と考えている人も少なくないようだ。しかし、朝日新聞にも「押し紙」はある。

２０００年10月、愛知県伊予郡で朝日新聞の販売店を経営していた店主が「押し紙」の内部告発に踏み切った。その引き金となったのは、販売店を強制的に改廃されたことだった。

全国商工新聞によると、このケースでは、搬入された新聞の14％から19％が「押し紙」になっていた。同紙に掲載された「押し紙」の実態は、表6-5の通りである。

朝日新聞の販売店主による「押し紙」裁判の例としては、ASA宮崎大塚の元店主・北川朋広氏が２００９年に起こした訴訟がある。北川氏によると、2004年7月以降、繰り返し搬入部数を減らすように申し入れたが、朝日は応じなかったという。搬入部数を減らすことができないのであれば補助金を増やすように交渉したが、それも受け入れられなかった。

2008年5月、北川氏はASA宮崎大塚の経営を断念した。そして「押し紙」裁判に踏み切ったのである。

判決は2011年9月に下された。北川氏の敗訴だった。裁判所は、残紙があったことは認めたが、それは「予備紙」であると認定したのだ。これは裁判所の新しい見解である。従来は、残紙を「積み紙」と認定して販売店を敗訴させるのが通例だったのだが、北川氏のケースでは「予備紙」と認定して敗訴させたのだ。

「予備紙」は、新聞が配達途中に雨などで破損した場合に使われる。当然、予備紙は必要不可欠で、その適正な割合は搬入部数の2％とするのが新聞業界の伝統的な慣行だった。しかし判決は、2％を超えていても店主の裁量で仕入れた「予備紙」であるから、朝日に責任はないと判断したのである。

表6‐6がASA宮崎大塚の部数内訳である。この表によると、搬入部数が4770部であるのに対して予備紙が約900部から約1000部になっている。帳簿上には「押し紙」が1部も存在しないように経理の操作を行うのが新聞業界の慣行になっていることを

考慮すると、「押し紙」に該当する部数を「予備紙」として処理していたといえよう。販売していない新聞まで公称部数にしてしまう経理処理の方法は真村裁判でも判明したが、ここでも観察できる。

２０１５年、わたしは朝日新聞社の「押し紙」の実態を示す内部資料を入手した。「２０１４年度ＡＳＡ経営実態調査報告書」というタイトルのもので、全国の朝日新聞販売店から２６０店をサンプルとして抽出して、担当社員が店主に面談するかたちで、経営実態を聞き出した結果をまとめたものだ。

表6-6　ASA 宮崎大塚の部数内訳

	搬入部数	発証部数	サービス部数	販売部数	予備紙
1月	4770	3449	378	103	883
2月	4770	3454	350	103	906
3月	4770	3346	323	103	895
4月	4770	3305	343	103	1019
5月	4770	3300	359	103	1008

注：原告が朝日新聞社に提出した報告書を基に作成した。ただし、朝日は数字に若干の違いがあると主張した。たとえば、1月の搬入部数は4740部で予備部数は840部だったと主張した。

表6-7は、発証率の変化を示したものである。「発証」とは販売店が読者に対して発行した領収書を意味する。したがって「発証率」とは、搬入された新聞部数に対して、領収書が発行された率を示している。

「セット版」とは、夕刊と朝刊のセット販売のことである。新聞の購読パターンには、夕刊と朝刊の

表6-7　朝日新聞販売店における「発証率」の推移

セット	本紙発証率			
	14年	13年	09年	04年
セット平均	71.0%	72.8%	81.2%	88.1%
都内下町	69.7%	73.8%	83.5%	92.3%
都内山手	72.0%	73.2%	84.1%	92.5%
首都圏神多	73.9%	76.5%	89.0%	95.6%
首都圏千埼	72.5%	75.7%	84.7%	95.0%
大阪市府	62.6%	65.9%	73.7%	77.1%
近畿セット	69.6%	72.6%	72.8%	80.0%
西部セット	67.9%	70.5%	70.4%	80.1%
名古屋セット	70.9%	70.0%	75.9%	87.2%
北海道セット	71.7%	66.0%	84.7%	92.9%

注：「首都圏神多」→神奈川県と東京都の多摩地区、「首都圏千埼」→千葉県と埼玉県

両方を購読している人と、朝刊だけを購読する人がいる。「セット版」とは前者を指している。

この「セット版」の発証率は、数字が示すように、年を追うごとに下がっている。これは、販売店で「押し紙」が増えていることを物語っている。

2014年の数字で見ると、平均の発証率は約71％である。残り約29％が「押し紙」ということになる。

さらに2017年2月末で自主廃業した朝日新聞販売店の「押し紙」に関するデータもある。この販売店は2つの店舗を経営していた。自主廃業時の部数内訳は次の通りである。

【A店】
定数（搬入部数）：約1200部
予備紙（残紙）：約400
「押し紙」率：33％

【B店】
定数（搬入部数）：約510部
予備紙（残紙）：約85
「押し紙」率：17％

このようにリベラル派の朝日新聞にも「押し紙」は存在する。「押し紙」は新聞業界全体の問題なのである。

読売販売店の「押し紙」訴訟

真村訴訟で狭義の「押し紙」が認定されたことは既に述べた通りであるが、真村氏が経営するYCの「押し紙」率は低かった。たとえば2001年6月の時点で、搬入部数は1660部で、実配部数は1519部だった。差異の141部から、予備紙の30部程度を差し引いた111部数が「押し紙」ということになる。率にすると6％程度である。

しかし、「押し紙」が司法により実質的に認定されたことには変わりない。この判決が確定したのは2007年12月であるが、この前後から真村訴訟を担当した江上武幸弁護士のもとに、新聞販売店からの相談が相次ぐようになった。「押し紙」問題を解決してほしいという相談である。弁護士に相談したわけだから、店主らが排除を求めたのは、「積み紙」ではなく「押し紙」だったということになりそうだ。

「押し紙」排除の空気が生まれる状況下、福岡県の久留米市を中心とする筑後地区にある3店の読売新聞販売店が、「押し紙」部数を公表した。

表6-8がその内訳である。もちろん読売は、これらの残紙は「押し紙」ではなく「積み紙」であると主張した。

読売は、これら3店の新聞販売店のうちYC久留米文化センター前を、「押し紙」を断った3ヶ月後に強制改廃した。数名の読売関係者が同店に足を運んで強制改廃を言い渡し、翌日折り込む予定になっていた折込み広告を搬出したのである。

これに対してYC久留米文化センター前は、仮処分を申し立てると同時に、地位保全裁

表6-8　YC 3店における「押し紙」部数

	総部数	「押し紙」
YC大牟田明治（07年10月ごろ）	約2400部	約920部
YC大牟田中央（07年10月ごろ）	約2520部	約900部
YC久留米文化センター前（07年11月）	2010部	997部

判を起こした。この裁判でも、残紙が狭義の「押し紙」なのか、「積み紙」なのかが争われた。仮処分申立の第1審は販売店が勝訴したが、第2審から判決は逆転した。裁判所が残紙を「積み紙」と認定したのである。

本訴では、第1審から第3審まで読売が勝訴した。YC久留米文化センター前の残紙を狭義の「押し紙」とは認めず、販売店の強制改廃を正当と判断したのである。

話は前後するが、真村訴訟の第1審判決が下された同年（2006年）、江上弁護士らは新たな販売店訴訟を起こしている。この裁判は地位保全ではなく、「押し紙」による損害賠償を求めたものである。

原告はYC小笹（福岡市）の元店主。このケースの特徴は、新店主が前店主からYC小笹店を引き継いだ時点から、半年のあいだ多量の残紙があったことだ。表6-9が、部数内訳の変遷を示している。

読売の弁護団が作成した裁判の準備書面（2007年4月12日）の中には、過剰な新聞が店舗に余っていたことを認めながらも、それが「押し紙」には当たらないことを主張する次のような記述がある。

表 6-9　YC 小笹店への予備紙

	取引部数	「押し紙」（朝刊）
1998 年 5 月	2330	946
6 月	2330	964
7 月	2330	964
8 月	2330	1027
9 月	2330	1025
10 月	2330	1023
11 月	2330	1015
12 月	1530	213
1999 年 1 月	1530	150
2 月	1530	150
3 月	1530	188
4 月	1530	184
5 月	1530	185
6 月	1530	172
7 月	1530	174
8 月	1530	169
9 月	1530	166
10 月	1530	170
11 月	1530	185
12 月	1530	184

（略）本件において、原告によるＹＣ小笹店の営業継続後、約６ヶ月に渡って必要最小限度を超えた部数の予備紙が供給されていたことについては、原告と被告との間の合意に基づくものであり、そこには強要なり権利の濫用という要素はない。

販売店主が過剰な部数を買い取ることに合意していたから、「押し紙」にはあたらないという主張である。もちろん原告の店主は、読売側の主張を否定しているが、たとえ「合意に基づく」過剰部数の買い取りであっても、正常な新聞販売店経営に不必要な部数であることは疑いない。新聞特殊指定で規定している、実配部数に予備紙を加えた部数を上回っているので、「押し紙」である。

しかも、過剰な残紙によりABC部数がかさ上げされるわけだから、広告主に対する背信行為と言わなければならない。

35年ぶりの「押し紙」問題の国会質問

2017年3月30日、共産党の清水忠史議員が衆議院・消費者問題特別委員会で「押し紙」問題を取り上げた。1982年にやはり共産党の瀬崎博義議員が「押し紙」問題を取り上げて以来、35年ぶりに「押し紙」問題が国会に持ち込まれたのである。

名前があがった新聞社は、朝日、読売、毎日、日経、それに佐賀新聞の5社だった。このうち朝日新聞については、匿名のある販売店の部数内訳が紹介された。それによると搬入部数が2000部で、予備紙が700部。「3割以上ごみになっている」実態が分かったという。

読売については、「管理能力を超えた残紙のせいで新聞こん包が入り乱れ」配達員が誤って前日の残紙を読者に届ける事件があったという。毎日については、大阪地裁で2件の訴訟が起きている。また、日経については、店主が新聞の卸代金を納金するために、やむなく600万円の借金をしたエピソードが紹介された。

清水議員は、4月14日にも経済産業委員会で「押し紙」問題を取り上げて、産経の某店のケースを紹介した。質問の中で「押し紙」の規模などは明らかにしなかったが、わたしが取材したところ、2016年7月の段階で、搬入部数が約3400で実配部数が約2000部だった。

地方紙の「押し紙」

地方紙の「押し紙」についても若干ふれておこう。わたしが取材した限りでは、地方紙は中央紙に比べて「押し紙」が少ない。例外的なケースがあるにしろ、相対的にみると中央紙よりも少ない。

たとえば2016年4月、わたしは西日本新聞社の販売店から、同社の佐賀県全域における各販売店の「押し紙」の実態を示す内部資料を入手した。それは、佐賀県というある程度の広域における地方紙の「押し紙」の実態を知ることが出来る貴重な資料である。この資料について西日本新聞にコメントを求めたところコメントはなく、信憑性のある資料といえよう。

それによると、２００９年８月の時点で、佐賀県下の約70店が注文した部数は、総計で５万１１１部だった。これに対して販売店へ搬入された新聞は、６万１２０部だった。差異の１万９部が「押し紙」である。「押し紙」率は17％である。

佐賀新聞の「押し紙」については、共産党の清水忠史議員が３月30日の国会質問で、某店（第５章で紹介した吉野ヶ里販売所とは別の店）のケースを取り上げた。それによると２０１６年４月の時点で、搬入部数が２９８０部、実配部数が２５５０部だった。４３０部が「押し紙」になっていた。

この事件では、販売店が搬入部数を減らすように佐賀新聞に申し出たが、聞き入れられなかった。そこで店主が弁護士に相談したところ、弁護士は、「販売店経営に必要な部数だけを注文すること、新聞社が従前の部数を提供してきた場合は、押し紙の部数の仕入れ代金の支払いは保留しておくこと」を指示した。そのうえで、佐賀新聞に対して「押し紙」の中止を申し入れた。

しかし、佐賀新聞社は申し入れに応じなかった。販売店からの注文部数を超えた部数を供給することは、独禁法の新聞特殊指定に違反しているにもかかわらず、弁護士の要請を拒否したのである。

その結果、帳簿上では「押し紙」の「未払い金」が累積した。それを理由に佐賀新聞社は、2016年12月14日、翌年の3月31日をもってA販売店との商契約を終了する旨を通知したのである。

そこでA販売店は地位保全の仮処分を申し立てた。判決は、販売店の勝訴だった。

また、山陽新聞の元店主（2000年6月から2007年2月まで経営）が起こした「押し紙」裁判の中でも「押し紙」の実態が明らかになった。「押し紙」率は、おおむね15％前後で変動していた。中央紙と比較して、山陽新聞の「押し紙」率も決して高くはない。

ただ、山陽新聞のケースでは、新聞の総搬入部数を遥かに上回る折込み広告が搬入されていたことも問題になった。たとえば2005年6月における原告経営の販売店のケースを検証してみよう。

朝刊の実配部数は1702部だった。「押し紙」率が15％とすれば、約2000部が販売店に搬入されていたことになる。

ところが同時期の折込み広告の搬入枚数を見ると、「旭化成ホームズ」「岡山日産自動車」「ジャスコ岡山店」「NTTドコモ岡山」といったスポンサー企業が、それぞれ2400枚の折込み広告を発注している。約400枚もオーバーしていた。

このケースでは広告主が、新聞の搬入部数を遥かに超える枚数の折込み広告を発注させられていたのである。

さらに次のような事情もある。首都圏、名古屋、大阪、福岡など巨大な都市は別として、田舎では折込み広告の需要がさほど高くはないので、「押し紙」の負担を増やすと、折込み広告を水増ししても、「押し紙」の損害を相殺できなくなる。となれば、新聞社は補助金を増やさなければ、販売網が維持できない。それを回避するためには、「押し紙」を少なくせざるを得ない。

今後新聞のＡＢＣ部数は、どんどん下降線を描いていくであろうことは、ほぼ間違いない。しかし、それは必ずしも、新聞の購読者が減ったことを意味しない。「押し紙」を折込み広告の水増しで相殺する従来のビジネスモデルが機能しなくなり、「押し紙」を減らした結果、ＡＢＣ部数が減った可能性もあるのだ。この事実を踏まえておかなければ、新聞社の実態を正しく把握することはできない。

「押し紙」問題とメディアコントロール

本章の最後に、これまで「押し紙」問題にほとんどメスが入らなかった要因にも言及しておこう。

既に述べたように、「押し紙」は独禁法に抵触する。当然、取締りの対象になるわけだが、実際に取締りが行われた場合、新聞社は大幅に販売収入を減らすことになる。さらに「押し紙」の排除によりＡＢＣ部数も減じるので、紙面広告の媒体価値も下がり、広告収入も減る。

このような構図から、政府にとって「押し紙」問題は、メディアコントロールのアキレス腱になる。「押し紙」問題は、新聞社の経営上の決定的な弱点なのだ。それゆえに、見て見ぬふりをするのが、この問題に対する公権力側の対応だった。

事実、２０１７年4月14日、衆議院経済産業委員会で共産党の清水忠史議員が、「押し紙」問題を取り上げ、経産省に対して「押し紙」の実態調査をするように提案した際、世耕弘成・経済産業大臣は答弁の中で、取締りに消極的な見解を示した。

「わたしは下請け取引の改善に取り組んでいるのですが、残念ながら新聞販売業というのは、下請け関係にはならないんですね。あくまでも新聞社が発行する新聞をそのまま供給を受けて、それを取引するという立場ですから、下請法の範囲には入らないということです。基本的には独禁法で問題があれば、公取委が厳正に対処してほしいと思います。経済産業省としては、経済産業省所管の法人として、日本新聞販売協会がありますから、本当にいまご指摘のような問題が広範に存在して、販売業界として深刻な問題なら、この団体からわが省に申告があると思いますから、それを受けて必要であれば対応したいと思います」

「押し紙」問題を解決するよりも、むしろ放置したいという気持ちが露呈している。「押し紙」問題が、メディアコントロールのアキレス腱であるからにほかならない。

そして、新聞に対する消費税の軽減税率問題が「押し紙」問題と連動すると、メディアコントロールの効果は著しく強くなる。と言うのも、「押し紙」も消費税の課税対象になるからだ。消費税の税率アップに新聞社が脅えているゆえんである。

第7章　軽減税率をめぐる議論

新聞軽減税率適用で「伝えられないこと」

新聞研究者の故新井直之氏は『ジャーナリズム』（東洋経済新報社）の中で、報道の読み解き方について貴重な提言を残した。

新聞社や放送局の性格を見ていくためには、ある事実をどのように報道しているか、を見るとともに、どのようなニュースについて伝えていないか、を見ることが重要になってくる。ジャーナリズムを批判するときに欠くことができない視点は、「どのような記事を載せているか」ではなく、「どのような記事を載せていないか」なのである。

新井氏は、新聞報道とテレビ報道の解読に関して自説を述べているわけだが、この方法論は、われわれがコミュニケーションを通じて獲得するあらゆる情報の解読についてもあてはまる。

情報には公表される部分と公表されない部分がある。そしてわれわれは公開されるものだけを手掛かりとして、ものごとを判断しているのである。

たとえば演説会で政治家は、自分にとって不利なことは話さない。何を話し、何を話さないかを瞬時に判断しながら言葉を発しているのだ。そのために聴衆は、政治家の評価を誤ることもある。

新聞に対する消費税の軽減税率の適用問題も、国民が判断する上で必要な情報が十分に開示されないまま、新聞関係者が主導するかたちで議論が進んでいる。この問題の発端は、念を押すまでもなく、消費税率の８％から10％への増税案である。民主党の野田内閣の時代に税率の引き上げが決まり、２０１７年４月から実施される予定になっていたが、景気の低迷などにより、２０１９年10月まで導入が先送りされた。

新聞業界はかねてから、消費税率のアップを予測して、新聞に対する軽減税率の適用を勝ち取るためにロビー活動などを展開してきた。しかし、新聞関係者が求めているのは、消費税の10％導入時に従来の8％に据え置くことではなく、税率5％への引き戻しである。

この点については、新聞業界の内部にいる者を除いてほとんどの人が知らされていない。

参考までに、軽減税率5％を求める新聞関係者の動向を報じた業界紙の記事を紹介しよう。２０１６年1月14日、東京・港区で開かれた読売新聞の「新春所長（注：新聞販売店主）会議」における白石興二郎・グループ本社社長兼編集主幹の発言を伝える記事で、政府が事実上、新聞に対する８％の軽減税率を決定した約１カ月後の発言である。ちなみに白石氏は、日本新聞協会の会長でもある。


我々は、現行の８％ではなく５％への引き下げと、新聞全体への適用を要望していたのですが、それは叶わず、８％の税率のままで、駅売りを除く定期購読の宅配に限ることになりました。


５％の軽減税率を求める背景には、新聞販売店と新聞社にとって消費税が相当の重荷になっている事情があるようだ。

新聞については税率５％への引き戻しという大胆な主張を展開してきた新聞関係者であるが、実は議論の際に最も肝心な点を隠している。それは、「押し紙」にも消費税が課せられる事実である。実はこの点こそが、新聞関係者が新聞に対する軽減税率の適用を求める本当の理由と言っても過言ではない。

なぜ「押し紙」に消費税がかかるのかといえば、繰り返しになるが、「押し紙」を「普通の新聞」として経理処理するからだ。こうして新聞社は、「押し紙」は一部たりとも存在しないという建前を作っているのだ。

しかし、「押し紙」には、消費税を徴収できる読者がいないわけだから、販売店が読者の代わりに消費税を負担しなければならない。当然、税率が上がればその負担も増える。しかも、第6章で見たように、その「押し紙」の規模は想像するよりも遥かに大きい。それでも新聞販売店の経営がなんとか成り立ってきたのは、既に述べたように、「押し紙」で生じる販売店の損害を折込み広告の水増しと、補助金で相殺する新聞社のビジネスモデルがあるからだ。完全に相殺し切れなくても、ある程度は相殺することができていた。ところが消費税が上ると、当然、販売店の負担がさらに増える。

一方新聞社は、販売店の倒産が起きれば、肝心の販売網が崩れていくわけだから、消費税の負担を販売店だけに押し付けるわけにはいかない。そうなると、補助金を増額するかたちで販売店をサポートせざるを得ない。結局読者がいない「押し紙」があるために、消費税の増税は、販売店にも新聞社にも極めて重い負担になるのだ。

その負担を回避するために、新聞関係者は新聞に対する軽減税率の適用を強く求めているのである。こうした裏面の事情は、まったく報道されていない。

「新聞への消費税軽減税率適用に関する意見書」

しかし、この論点に踏み込む前に、新聞関係者が公言している軽減税率の適用を求める理由を確認しておこう。彼らの主張は、「新聞への消費税軽減税率適用に関する意見書」にその典型例が見られる。この文書は、「新聞協会会長の諮問を受け、新聞への消費税の在り方を多角的に研究し、検討した」もので、戸松秀典（学習院大学名誉教授、座長）、紙谷雅子（学習院大学教授）、村上政博（一橋大学名誉教授）、山川洋一郎（弁護士）の4氏によって作成された。

この文書は、消費税という新聞社経営に直接かかわる問題がテーマになっていながら、新聞社の経営上の問題、あるいは構造的な問題にはほとんど踏み込んでいない。つまり新井直之氏が指摘しているように、あえて書かないことで肝心な何かを隠している文書なのだ。隠している点とは、「押し紙」に消費税が課せられる原理と、それによって新聞社が受けるダメージの大きさである。

この点を念頭において、最初に意見書の内容を検討してみよう。

まず、意見書は新聞の情報媒体としての優位性を強調して、新聞が「国の内外で日々発生しているニュースや情報を正確かつ迅速に人々に伝達するとともに、多種多様な意見ないし評論の提供を行っていることを直視しなければならない」と述べている。「人々の生活への密着度は、衣食住の必要品につぐものといってよいほどの重要さを示している」とまで言い切る。

その具体例として、2011年3月11日に起きた東日本大震災の際、被災者たちが新聞を通じて情報を入手した例をあげている。しかし、この種のプロパガンダは東日本大震災の時に始まったわけではなく、大災害が起こるたびに、新聞配達員が命がけで新聞を届けた美談などがたびたび紹介されてきた。極めてステレオタイプな視点といえる。

次に意見書は、「しかしながら、この国において今日、以上のような新聞の特性ないし長所は、維持していけるか否か懸念させられる事情が生じている」と述べる。その事情とは、インターネットの台頭である。インターネットの普及により新聞が衰退へ向かっていることを認識した上で、「インターネットで流れている情報のうち、多くの関心を集めるニュース記事は、依然として新聞社が流している記事が母体となっている」と再び新聞社を擁護している。

しかも、新聞社が作成する記事は高品質という前提に立った上で、紙上にさまざまな記事が配列されている新聞と、そうではないインターネットを比較して、「もし、インターネットの情報サイトなどで見た情報のみを世のニュースだと信ずるならば、情報摂取の偏りが生じるなど、恐ろしい事態を生み出すことになることが容易に想像できる」と述べている。ここでは情報発信の源としての新聞の役割を強調しているのである。しかし、新聞記事の大半が記者クラブからの情報に頼っており、実は偏った情報であることにはまったく触れていない。事件報道に関しては警察情報を裏づけも取らずにたれ流していることも少なくない。

続いて意見書は、はじめて日本の新聞社のビジネスモデルに言及する。すなわち宅配制度の優位性について論じるのだが、その宅配制度を脅かす原因である「押し紙」問題にはまったくふれていない。「押し紙」問題を完全に伏せたまま、次のように宅配制度の優位性を強調している。

まず、新聞読者層についてである。日本は、識字率が高いことに支えられて、伝統的に文字文化が広く全国に、また老若男女を問わず国民の中に浸透している。この高い識字率は教育の普及とともに、その生涯を通じて日常的に新聞を読む習慣によっても支えられており、また、これが新聞を支える基盤となって、戸別の配達のための販売網が日本の各地に張りめぐらされている。また、これは、定期購読者層の比率が諸外国に比べて高い現象をも生み出している。さらに、少数の全国紙と多数の地方紙の存在も特筆すべきことであり、これも看過できない日本の新聞の特徴である。

意見書は、これが「日本の誇るべき文化現象」なのだとまで述べている。そして「消費税軽減税率の適用の可否は、この日本の文化と民主政治の将来に厳しくかかわっていることを察知した」と主張している。

宅配制度による新聞の部数至上主義に基づいた普及を「文化現象」と断言するなど、論理がいささか飛躍している感をぬぐえないが、これも先の被災地における新聞配達の美談と同様、新聞関係者がよく口にするプロパガンダである。

次に意見書は、違った視点から新聞を保護する根拠を論じている。それは新聞が「民主主義の維持、人の人格形成、真理への到達、さらに社会における変化と均等の維持」などに果たす役割が大きいゆえに、「法的な面でも、特別な扱いがなされている」ことを理由に、消費税軽減税率を適用すべきだとする主張である。

具体的に法的な優遇を受けている例として、「裁判において、取材源の証言拒否が認められている」ことや、報道目的であれば「承諾を得ずに他人の著作物を利用できるなどの特例的な扱い」、それに「一定の要件を満たした新聞、雑誌は、選挙期間中でも選挙について自由に評論することが認められている」ことなどを紹介している。つまりこれらの権利が認められているのは、新聞が社会の中で特別に重要な役割を果たしている結果であると主張する。それゆえに、消費税軽減税率についても適用を認めるべきだと言うのだ。

その主張を補強するために、意見書は海外で新聞社が税制面で法的に保護されている例もあげている。ただしその理由は、それぞれの国で異なるという。たとえば「イギリスでは、『知識には課税しない』という原則」があり、フランスの場合は、「フランス語を守るという文化にかかわるコンセンサス基盤」がある。さらにスウェーデンでは、「日刊新聞紙上の多様性を維持するため経済的基盤の弱い新聞社を助成する制度を設けている」のだという。

このような観点から意見書は、日本においては欧米とは異なり、「文化的特性」を理由に「消費税軽減税率の適用は、当然のことであって、決して異常なことではない」と主張している。「文化的特性」とは、先に述べたように、宅配制度により新聞が普及している状態を指すらしい。事実、意見書は次のようにこの点を強調している。

新聞は、日本全土のいたるところでサービスを受けられるようになっており、このユニバーサル・サービスこそが日本の民主主義の支柱であり、基盤であるといってよい。これは、維持、発展させていくべき価値であり、そのことについて日本の社会は異論や抵抗を示すことなく受け入れるものとみている。

そして、次のような結論に至る。

新聞の価格が上がったなら購読をやめるとする割合が無視できない数値を示しているという実情があり、これが日本の誇るべき文化や民主政治を後退させるのではないかとの懸念を生み出している。そうであるからには、新聞が安価で手軽に入手できる状態が維持されることが何よりも必要であるといわなければならない。また、購読部数の減少が零細な新聞販売店にもたらされる影響についても配慮しなければならないのである。そこで、本研究会は、新聞への消費税軽減税率適用が不可避であるとの結論に到達したのであった。

さらに「むすび」の章で、次のように補足している。

新聞に軽減税率が適用されることによって生じる税収減は、それほど大きな額でなく、これに対して、以上で確認した日本の文化と民主政治のレベルが維持されることの利益は多大である。両者を比較衡量することにより、本研究会は、新聞には消費税軽減税率を適用すべきとの結論に至った。

この意見書に表明されている見解について、異論がある読者も多いのではないか。たとえば「新聞は、国の内外で日々発生しているニュースや情報を正確かつ迅速に人々に伝達するとともに、多種多様な意見ないし評論の提供を行っていることを直視しなければならない」という主張である。特に紙媒体よりも電子媒体を重視している人は、国境がないインターネットの情報は、新聞とは比較にならないほど豊富だと反論するかも知れない。わたしもそんなふうに考えている。

が、これらのことをいちいち指摘して意見書を批判するつもりはない。わたしがここで言いたいのは、この意見書には新聞に対する軽減税率の問題を考えるうえで、最も肝心な点が欠落しているという点である。完全に隠されている部分があるのだ。

しかも、この意見書に表れた論旨は、意見書を書いた戸松氏らだけではなく、軽減税率の導入を求める新聞関係者に共通していると言っても過言ではない。

たとえば２０１５年10月15日、日本新聞協会が大阪市で開いた第68回新聞大会で採択した、「新聞に対する消費税の軽減税率適用を求める特別決議」にも、基本的には戸松氏らの意見書と同じ方向性が示されている。決議は次のように述べている。

新聞は、民主主義社会の維持・発展や文化水準の向上に大きく寄与しており、生活必需品として全国どこでも安価に入手できる環境が求められる。そうした環境を社会政策として構築するため、消費税に軽減税率制度を導入し、新聞購読料に適用するよう強く求める。

欧米諸国は、「知識に課税せず」との理念に基づき、新聞の税率には特別の措置をとっている。知識への課税は文化力の低下をもたらし、国際競争力の衰退を招きかねない。わが国においても、新聞への課税は最小限度にとどめるべきである。

先の意見書にしても、新聞協会による「特別決議」にしても、おそらくは意識的に言及を避けた問題がある。何度も言うが、それが「押し紙」問題である。

次章では、消費税の軽減税率適用と「押し紙」の問題を検証してみよう。新聞社が軽減税率適用に拘る本当の理由が見えてくるに違いない。

第8章　新聞業界が消費税軽減税率にこだわる本当の理由

販売店が負担する消費税

この章では、まず消費税の税率により、販売店の負担がどのように増えるかを試算してみよう。それに先立って、実際に「押し紙」に対して消費税が課せられている事実を確認しておこう。とはいえ、「押し紙」は表向き1部も存在しないことになっているわけだから、経理関係の書面に「押し紙」という項目はない。販売店に搬入される新聞の総部数を基準にして、消費税の計算が行われている。この事実を確認するだけで十分だ。

最初は朝日新聞のケースである。例に引くのは、宮崎県のASA大塚の元店主が保管していた2007年9月の経営収支報告書（表8-1）である。それによると、新聞の総部数4740部のうち、実際に販売されたのは3884部である。856部が残紙となってい

表8-1　ASA大塚の経営収支報告書（2007年9月）

売上				仕入		
銘柄	定価	部数	発証金額	原価	部数	請求金額
朝日統合	3,007	3,884	11,679,188	1,761.3	4,740	8,348,562
				補正		−38,336
				消費税		415,511
◆本紙計		3,884	11,679,188		4,740	8,725,737
日刊スポーツ	3,260	165	537,900	1,985	182	382,720

る。しかし、消費税は４７４０部、つまり新聞の総部数を対象に計算されている。原価は１部１７６１・３円なので、総額８３４万８５６２円の卸代金が計上される。そこから「補正」として３万８３３６円を差し引いた８３１万２２６円に対して、５％の消費税４１万５５１１円が計算されている。「押し紙」を含む新聞の総部数に対して消費税が課せられていることが確認できる。

次に読売新聞のケースを検証してみよう。例に引くのは、福岡県のＹＣ小笹の元店主が保管していた請求書である。細かく数字を見るまでもなく、「（消費税込み）」という表示（表８－２）があり、搬入された新聞の総部数に対して卸代金と消費税が請求されていることを示している。

さらに毎日新聞のケースである。例に引くのは、東京都の毎日新聞・大泉学園町店の元店主が保管していた請求書である。わたしはこの店の店主からも「押し紙」についての相談を受けたことがあり、「押し紙」の存在を確認している。こ

表8-2　YC小笹へ送られた請求書（2002年2月）

①新聞代売上明細（消費税込み）

摘要	部数	単価	金額
セット	340	232400	790160
統合	1290	179400	2314260
夕刊			
英字	20	153900	30780
合計			3135200
セット			
統合			
夕刊			
英字			
合計			
朝刊 予約1		…253	

③諸口取立額明細

摘要	金額
情報開発取立金	752161
読売会取立金	219059
開発部取立金	318644
拡張料取立金	421787
労務対策分担金	93050
出版物代	14050
報知新聞代	47100

こでも販売店に搬入されている新聞の総部数に対して消費税が請求されていることが表8-3から読みとれる。

最後に産経新聞のケースである。例に引くのは、東京都の産経新聞・東浅草販売店の元店主が保管していた2000年11月度の請求書（表8-4）である。朝刊の搬入部数927部に対して「押し紙」が497部あった。しかし、搬入部数の927部に対して卸代金と消費税が請求されていることが分かる。

新聞業界が「押し紙」にも消費税が課せられている形で経理処理しているのは、「押し紙」が独禁法で禁止されているからだ。それを隠すためにほかならない。実配される新聞と「押し紙」を同じ形で経理処理することで、「押し紙」は1部も存在しないという詭弁を可能にしている。いわば法の網の目を潜り抜ける、あるまじき行為なのである。

この点を隠して新聞関係者が、新聞の戸別配達制度と新聞購読は「日本の文化」と主張しているのは、滑稽としか

表 8-3　毎日新聞・大泉学園町店へ送られた請求書（2009 年 10 月）

本社新聞代	定数	単価	金額
本紙（セット）	575	2, 296	1, 320, 200
本紙（朝刊単）	585	1, 736	1, 015, 560
毎日小学生新聞	14	817	11, 438
ウィークリー・延部数	24	143. 5	3, 444
毎日小学生新聞補正	19	27	513
出版物請求 1			6, 265
【計】			2, 357, 420
【消費税】			117, 871
【税込み計】			2, 475, 291

表 8-4　産経新聞・東浅草販売店へ送られた請求書（2000 年 11 月）

	単　価	請求部数	金　額
朝　刊	1688	927	1564776
夕　刊	529	440	232760
第 一 補 正			135659
第 二 補 正			
消　費　税			96660
新 聞 代 合 計 ▶			2029855

		基　数	対象数	金　額
産	完納奨励金			-3512
	部数別奨励金		927	[illegible]
	販売奨励金　朝刊	[illegible]	[illegible]	

言いようがない。わたしは、これほど議論の前提事実を捻じ曲げた机上の論理はめずらしいと感じている。

驚くべき販売店の税負担

販売店にとって「押し紙」が増えれば、新聞の卸代金だけではなく、消費税の負担も増える。問題は、販売店にそれを支払う能力があるのかという点である。支払い能力がなければ、新聞社が補助せざるを得ない。

いくら新聞社が販売店に対して威圧的な態度で接しても、際限なく負担を強いるわけにはいかない。販売店が倒産すれば、肝心の販売網も弱体化するからだ。

となれば、消費税の負担を販売店だけに負わせる販売政策は取れない。販売店に対して補助金の額を増やすなどの対策が必要となる。結局、「押し紙」に対する消費税の負担は、新聞社と販売店の両者で背負うことになる。

実際に「押し紙」から発生する消費税によって、新聞社と販売店はどの程度の負担を強いられるのかをシミュレーションしてみよう。

最初のステップとして、正確な「押し紙」の実例を提示する必要がある。この目的にかなうのが、毎日新聞の「押し紙」（残紙）の実態を示す内部資料（表8-5）である。2004年に外部にもれたもので、ニュースサイト「My News Japan」や、雑誌『FLASH』、『財界展望』でも紹介された。

資料のタイトルは「朝刊　発証数の推移」。2002年10月時点の部数を見てみよう。まず、「店扱い部数」とは、全国の新聞販売店へ搬入される毎日新聞の朝刊部数のことで、約395万部である。いっぽう「発証」とは、販売店が読者に発行する新聞購読料の領収書で、約251万枚である。

つまり395万部の毎日新聞が日本全国の販売店に搬入されているのに対し、毎日新聞の領収書は251万枚しか発行されていないのだ。両者の差異にあたる144万部が、「押し紙」である可能性が高い。率にすると36％である。

この数字は2002年10月のものであるから、現在はさらに「押し紙」率が高くなっている可能性が高い。しかし、ひとつの新聞社の「押し紙」の実態を正確に、しかも全国レベルで示しているデータは、「朝刊　発証数

表8-5　毎日新聞の「朝刊　発証数の推移」（一部）

	2002年10月		
	総店数	店扱い部数	発証
東京	2,262	1,606,840	1,054,392
大阪	1,822	1,436,634	864,356
西武	1,280	663,826	429,715
中部	669	173,272	105,186
北海道	424	73,072	55,490
全社	6,457	3,953,644	2,509,139

の推移」の他にないので、このデータを元に、「押し紙」率が36％の場合、どの程度の不正な販売収入と、それに伴う消費税が発生しているかをシミュレーションしてみよう。

事前に明確にしておかなければならない試算の条件には、毎日新聞の「押し紙」約144万部の内訳がある。周知のように新聞には、「朝・夕セット版」と「朝刊だけ」の2種類がある。つまり「押し紙」144万部のうち何部が「朝・夕セット版」で、何部が「朝刊だけ」なのかを把握する必要がある。両者は購読料も卸価格もそれぞれ異なっているからだ。

残念ながら「朝刊　発証数の推移」に示されたデータには、「朝・夕セット版」と「朝刊だけ」の区別がない。そこで極力誇張を避けるために、「押し紙」144万部のすべてが「朝刊だけ」という前提で計算する。

「朝刊だけ」の卸代金は、ひと月に3007円である。便宜上端数を取って3000円とする。1部につき3000円の卸代金を144万部の「押し紙」に対して徴収した場合、3000円×144万部＝43億2000万円が月額で計上される。毎日新聞社全体で、「押し紙」から月に43億2000万円の収入が上がっている計算だ。

これが1年になれば、43億2000万円×12ヶ月＝518億4000万円となる。「押し紙」による販売収入は想像以上に大きいのだ。この518億4000万円に課せられる消費税をシミュレーションすると、税率ごとに次のようになる。

・5％→25億9200万円
・8％→41億4720万円
・10％→51億8400万円

毎日新聞のケースを例にすれば、「押し紙」率が36％の段階で、これだけの税負担を新聞社と販売店で背負わなければならないのである。
新聞社が販売店に「押し紙」を買い取ってもらうための補助金を支給するゆとりがなければ、新聞社は「押し紙」政策を中止せざるを得ない。さもなければ販売店の経営が破綻する。

事実、最近は販売店の経営が悪化しているのか、「押し紙」を減らす方向へ向かっている新聞社もあるようだ。奇妙な言い方になるかも知れないが、「押し紙」が新聞社の負担になり始めており、「押し紙」を柱とした新聞のビジネスモデルが破綻しはじめているのだ。新聞に対する軽減税率が適用されなければ、そのスピードはさらに速まるだろう。

実際、新聞社にもこうした危機感があるのか、２０１２年の朝日新聞・新年祝賀会で秋山耿太郎社長（当時）は、「押し紙」廃止を宣言している。『新聞研究往来』（1月16日）に掲載された秋山社長の発言は、次のような衝撃的なものだった。

ライバル紙の読売新聞との戦いは、ＡＢＣ部数ではなく、実際に読者にお金を出して購読していただいている「実配部数」の勝負です。頑張っている所長（黒薮注：店主のこと）さんたちに強力に応援して、「攻め」と「守り」のメリハリある戦いを挑みます。

軽減税率適用以前の課題

次に、消費税が5％から8％に上がった２０１４年4月を境に、新聞各社の消費税負担がどのように増えたのかを試算してみよう。基礎資料として採用するのは、２０１４年上期のＡＢＣ部数である。新聞の原価は、誇張を避けるために、前出の毎日新聞「朝刊　発証数の推移」を使ったシミュレーションと同様に新聞1部の価格を３０００円とする。

結果は表8-6のようになる。

これは誇張を避けた控えめの試算である。これらの消費税のうち「押し紙」ではない部

表8-6　各紙の販売店が負担する消費税

	発行部数	消費税額（5%の場合）	消費税額（8%の場合）
朝日	743万3577部	112億円	213億円
読売	956万1503部	143億円	229億円
毎日	332万6979部	50億円	80億円
産経	161万822部	24億円	39億円

数については読者から消費税を集金できるが、「押し紙」分の消費税については、販売店と新聞社が全額を負担しなければならない。

新聞業界が消費税の軽減税率の適用を強く求めている本当の理由は、この点にあるのだ。新聞業界の運命を完全に政府に握られているわけだから、権力批判など出来ないことは言うまでもない。ここにもメディアコントロールの構図が見られるのである。しかも、「押し紙」問題と消費税問題が連動して、メディア支配の構図がより高度なものになっているのだ。

第9章 新聞凋落の下で進む政界との癒着

新聞業界の政界工作

ほとんど知られていないが、新聞業界は1980年代の終わりから、大がかりな政界工作を行ってきた。それは新聞販売店の同業組合・日販協（日本新聞販売協会）が主体となったものである。厳密に言えば、同協会の政治団体である日販協政治連盟が新聞業界を代表して政界工作のイニシアチブを取ってきた。

新聞発行本社が加盟している日本新聞協会は、新聞の不偏不党を宣言している立場上、表立った政界工作はできない。そこでその役割を日販協が担うようになったのである。

もっとも、2005年11月に公正取引委員会が新聞の特殊指定（再販制度）を撤廃する方針を打ち出した時期は、日本新聞協会も自らの本部がある東京・内幸町のプレセンターに総勢250名の国会議員を招いて集会を開くなど、露骨に政治家に支援を求める行動に走ったことはあるが、継続して政治家と折衝してきたのは日販協の方である。

ちなみに第3章で述べたように、新聞社の幹部が安倍首相と会食を繰り返す状況が生まれているのは、これまでになかった特徴である。ジャーナリズムの公正中立の原則にこだわる余裕がなくなっているのかも知れない。新聞社や放送局の経営が悪化している裏返しともいえるだろう。

改めて言うまでもなく、政界工作には確たる獲得目標がある。現在、日販協が展開している政界工作の重要な目標のひとつに、新聞に対する消費税の軽減税率5％を勝ち取ることがある。8％の軽減税率を適用させる目的については、既に2015年12月に達成し、次の目標を5％の軽減税率適用に置いている。「押し紙」政策にしがみついているから、政界工作で問題の解決をはからざるを得なくなっているのだろう。

最新の政界工作、つまり新聞に対する軽減税率の適用をめざす政界工作の実態に踏み込む前に、これまでの政界工作の歴史を手短に振り返ってみよう。

既に述べたように、新聞業界の政界工作が始まったのは1980年代の終わりである。当時の政界工作のテーマは、事業税の軽減税率に関するものであった。

もともと新聞販売店は事業税の非課税措置を受けていたが、1984年に当時の中曽根内閣が、非課税措置を撤廃する方針を決めた。しかし、一気に撤廃するのではなく、所得の50％を非課税にした上で経過措置を取った。政界工作により、この経過措置は1998年まで延長された。この間、新聞業界は経営のアキレス腱を政府に押さえられていたことになる。

政界側も日販協の動きに対応して、1987年、自民党の中川秀直議員らが自民党新聞販売懇話会を立ち上げて、新聞業界とのパイプ役を務めるようになった。

自民党新聞販売懇話会の初期のメンバーは50名足らずだったが、この中には後に総理となる小渕恵三、森喜朗、羽田孜、小泉純一郎の各氏が含まれている。さらに石原慎太郎、小沢一郎、谷垣禎一といった有力議員も含まれていた。

自民党への政治献金が始まったのも、この頃である。それは「一円募金」と呼ばれる独特の献金方法だった。新聞販売店ごとに新聞の搬入部数に準じて献金額を決め、募金を奨励したのである。新聞1部につき1円だった。従って搬入部数が1000部の販売店は1000円を、2000部の販売店は2000円を、3000部の販売店は3000円の政治献金を負担したのである。

新聞1部につき1円といっても、1990年ごろ朝刊の発行部数は5000万部ぐらいの規模だったので、募金に協力しない人がいても、2000万円ぐらいの資金は集まっていたのではないかとわたしは推測している。

さらに1990年代になると、規制緩和が国策として輪郭を顕わにしてくる中で、再販制度を撤廃しようとする動きが起こり、新聞業界にとって頭の痛い問題になる。その結果、政界工作の第2のテーマとして、再販問題が浮上したのである。

日販協による2000年代の中期までの政界工作は、事業税の軽減措置の持続と再販制度の維持という2つの大きな柱で特徴づけられる。日販協の会報にも、政界工作への協力を呼びかける記事が、はばかりなく掲載されている。

たとえば1993年3月31日付『日販協月報』には、国政選挙を前にして、「一円募金」を要請する日販協役員の次のような発言が紹介されている。


衆院の任期は来年2月なので、いずれ解散総選挙が行われる。懇話会の先生方には普段なんにもお礼をしていないので、選挙の折りには恩返しをするのが業界としての礼儀だと思う。

今月の運営会議の席で、ここできちっとやっておかなければ、事業税問題、再販問題などで先生方の協力が得られなくなる。出来る範囲でお手伝いするため、この際、皆さんの協力を得て一円募金をお願いしようとの意見が運営会議の大勢であった。

新聞関係者の与党支持

既に述べたように、事業税の軽減税率の優遇措置問題は1998年に終了した。一方、再販問題は2006年に一応の決着が着いた。決着を付けるためのイニシアチブを取ったのは、自民党新聞販売懇話会だった。懇話会は、「新聞の特殊指定に関する議員立法検討チーム」を発足させた。座長になったのは、現在総務大臣を務める高市早苗議員だった。高市議員らは、独禁法を改正することで、特殊指定を運用する権限を公取委から国会へ移そうと目論んだ。それにより公取委が再販制度を撤廃する動きを阻止したのである。

2006年7月28日に開かれた日販協の通常総会に来賓として参加した高市氏は、このあたりの戦略について次のように述べている。

「独禁法の改正案として2本作りましたが、最終的には法制局の審査を両方とも通った。状況がいい方（特殊指定維持）に変わり、今は日販協側に法律案そのものを渡してあります。今後何か起きたら、その時はいつでも提出できる安全パイを持てたことは良かった。（略）」（『新聞通信』8月3日付）

この発言が意味するのは、公取委が特殊指定（再販制度）を撤廃する動きを見せたら、特殊指定を運用する権限を公取委から奪い取り、国会へ移すということである。

このような状況の下で、公取委の竹島委員長（当時）は特殊指定を撤廃する方針を断念したのである。

結果的に新聞業界は、再販制度を維持した。しかし、新聞が公正中立を看板に掲げていても、政界との「取引」なしには、新聞社経営は難しいという事情を露呈してしまったのである。

２０１５年12月、自民・公明両党の税制調査会は、新聞に対する軽減税率の適用を決めた。その前年にあたる２０１４年に衆議院選挙が行われ、与党は自民党が２９１議席を、公明党が35議席を獲得した。自民党は４議席を減らし、公明党は４議席増やした。結果的に与党は改選前の議席を確保して、安倍政権は国民から信任を得たのである。

この選挙では、新聞関係者が自民党や公明党の候補者を応援する選挙活動を行ったことが明らかになっている。業界紙の報道によると、日販協（政治連盟）は、２０１４年の選挙で１３９人の候補者を推薦した。このうち１３１人が当選した。推薦の対象となったのは、「新聞への軽減税率適用に協力する候補」である。当選した議員の政党別内訳は、自民が１０２人、公明が19人、民主が９人、無所属が１人。詳細は**表9-1**の通りである。

もっとも新聞関係者による選挙活動は、再販問題が浮上していた時期にも行われていた

表 9-1　2014 年 12 月総選挙における「新聞への軽減税率適用に協力する候補」の当選者

選挙区			当選	候補者名	所属
北海道ブロック	北海道	5区	✿	町村信孝	(自)
		10区	✿	稲津　久	(公)
東北ブロック	青森	2区	✿	江渡聡徳	(自)
	岩手	1区	❀	高橋比奈子	(自)
		2区	✿	鈴木俊一	(自)
	宮城	2区	✿	秋葉賢也	(自)
		6区	✿	小野寺五典	(自)
	福島	1区	✿	亀岡偉民	(自)
		2区	✿	根本　匠	(自)
北関東ブロック	茨城	1区	❀	福島伸亨	(民)
			✿	田所嘉徳	(自)
		2区	✿	額賀福志郎	(自)
		3区	✿	葉梨康弘	(自)
		4区	✿	梶山弘志	(自)
		5区	❀	石川昭政	(自)
		6区	✿	丹羽雄哉	(自)
		7区	❀	永岡桂子	(自)
	栃木	1区	✿	船田　元	(自)
		2区	✿	福田昭夫	(民)
			❀	西川公也	(自)
		4区	✿	佐藤　勉	(自)
		5区	✿	茂木敏充	(自)
	群馬	1区	✿	佐田玄一郎	(自)
		4区	✿	福田達夫	(自)
	埼玉	1区	✿	村井英樹	(自)
			❀	武正公一	(民)
		2区	✿	新藤義孝	(自)
		3区	✿	黄川田仁志	(自)
		4区	✿	豊田真由子	(自)
		5区	❀	牧原秀樹	(自)
			✿	枝野幸男	(民)
		6区	❀	中根一幸	(自)
			✿	大島　敦	(民)
北関東ブロック	埼玉	7区	✿	神山佐市	(自)
			❀	小宮山泰子	(民)
		8区	✿	柴山昌彦	(自)
		9区	✿	大塚　拓	(自)
		10区	✿	山口泰明	(自)
		11区	✿	小泉龍司	(無)
		12区	✿	野中　厚	(自)
		13区	✿	土屋品子	(自)
		14区	✿	三ツ林裕巳	(自)
		15区	✿	田中良生	(自)
	比例		❀	今野智博	(自)
			❀	石井啓一	(公)
南関東ブロック	千葉	5区	✿	薗浦健太郎	(自)
		9区	❀	奥野総一郎	(民)
	神奈川	2区	✿	菅　義　偉	(自)
		6区	✿	上　田　勇	(公)
		10区	✿	田中和徳	(自)
		14区	✿	赤間二郎	(自)
		18区	✿	山際大志郎	(自)
	山梨	1区	❀	宮川典子	(自)
		2区	❀	堀内詔子	(自)
	比例		❀	中谷真一	(自)
			❀	富田茂之	(公)
東京ブロック	東京	1区	✿	山田美樹	(自)
		3区	✿	石原宏高	(自)
		4区	✿	平　将明	(自)
		8区	✿	石原伸晃	(自)
		9区	✿	菅原一秀	(自)
		10区	✿	小池百合子	(自)
		12区	✿	太田昭宏	(公)
		13区	✿	鴨下一郎	(自)
		15区	❀	秋元　司	(自)
		16区	✿	大西英男	(自)
東京ブロック	東京	17区	✿	平沢勝栄	(自)
		18区	✿	土屋正忠	(自)
		19区	✿	松本洋平	(自)
		20区	✿	木原誠二	(自)
		21区	✿	小田原潔	(自)
			❀	長島昭久	(民)
		23区	✿	小倉将信	(自)
		24区	✿	萩生田光一	(自)
		25区	✿	井上信治	(自)
	比例		❀	高木陽介	(公)
			❀	高木美智代	(公)
北陸信越ブロック	新潟	1区	✿	石崎　徹	(自)
		2区	✿	細田健一	(自)
		3区	❀	斎藤洋明	(自)
		4区	✿	金子恵美	(自)
		5区	✿	長島忠美	(自)
		6区	✿	高鳥修一	(自)
	長野	1区	✿	篠　原　孝	(民)
			❀	小松　裕	(自)
		2区	✿	務台俊介	(自)
		3区	❀	木内　均	(自)
		4区	✿	後藤茂之	(自)
		5区	✿	宮下一郎	(自)
	比例		❀	漆原良夫	(公)
東海ブロック	愛知	14区	✿	今枝宗一郎	(自)
		15区	✿	根本幸典	(自)
近畿ブロック	滋賀	3区	✿	武村展英	(自)
	京都	3区	✿	宮崎謙介	(自)
		4区	✿	田中英之	(自)
		6区	❀	安藤　裕	(自)
	和歌山	1区	❀	門　博文	(自)
		3区	✿	二階俊博	(自)
近畿ブロック	大阪	2区	✿	左藤　章	(自)
		3区	✿	佐藤茂樹	(公)
		4区	✿	中山泰秀	(自)
		5区	✿	国重　徹	(公)
		6区	✿	伊佐進一	(公)
		7区	✿	渡嘉敷奈緒美	(自)
		8区	✿	大塚高司	(自)
		9区	✿	原田憲治	(自)
		15区	✿	竹本直一	(自)
		16区	✿	北側一雄	(公)
	兵庫	1区	❀	盛山正仁	(自)
		2区	✿	赤羽一嘉	(公)
		3区	✿	関　芳弘	(自)
		4区	✿	藤井比早之	(自)
		6区	✿	大串正樹	(自)
		7区	✿	山田賢司	(自)
		8区	✿	中野洋昌	(公)
		9区	✿	西村康稔	(自)
		10区	✿	渡海紀三朗	(自)
	奈良	2区	✿	高市早苗	(自)
		3区	✿	奥野信亮	(自)
	比例		❀	竹　内　譲	(公)
			❀	浮島智子	(公)
			❀	樋口尚也	(公)
			❀	浜村　進	(公)
中国ブロック	岡山	2区	✿	山下貴司	(自)
		5区	✿	加藤勝信	(自)
	広島	1区	✿	岸田文雄	(自)
		3区	✿	河井克行	(自)
		4区	✿	中川俊直	(自)
	比例		❀	斉藤鉄夫	(公)
九州ブロック	福岡	9区	✿	三原朝彦	(自)
	長崎	1区	✿	冨岡　勉	(自)

✿は当選者（❀は比例当選）　(自)＝自民党　(民)＝民主党　(公)＝公明党　(無)＝無所属

出典：「日販協月報」2015 年 1 月 1 日

ので、特に新しいかたちの政界工作とは言えないが、かつてとは異なり、批判の声もあがらなくなっている。以前は、新聞販売店主の中には、「あまりにも露骨だ」と疑問を呈する人もいたのだが。

政治献金

新聞に対する軽減税率の適用を求める政界工作も、かなり露骨に行われている。日販協は、政治連盟を通じて政治献金も行っている。2014年度に、日販協政治連盟から政治家へ贈られた政治献金は927万円である。

まず、「セミナー参加費」として総計236万円が支出されている。支出先は、述べ17人の議員や政治団体で、献金額が最も多いのは、元読売新聞の記者で新聞販売懇話会会長・丹羽雄哉議員に対する60万円である。再販問題で「活躍」した高市早苗議員には、16万円が支払われている。詳細は表9-2の通りである。

一方、「寄付金」はなんと134名もの国会議員に贈られている。寄付額は4件の例外(漆原良夫氏15万円、丹羽雄哉氏10万円、斎藤鉄夫氏10万円、小田原きよし氏6万円)を除いて、いずれも5万円。遊興の「おこづかい」程度の額だが、金額を総計すると691万円にもなる。

２０１４年３月７日に開かれた日販協政治連盟の総会には、高市早苗（自民党政調会長）、丹羽雄哉（自民党新聞販売懇話会会長）、漆原良夫（公明党新聞問題議員懇話会会長）、それに山谷えり子（自民党新聞販売懇話会事務局長）といった国会議員らが参加した（いずれも肩書は当時）。

このうち丹羽議員は、挨拶で次のように述べている。

表 9-2　日販協政治連盟からの政治献金（2014 年度分）

政治活動費		
支出を受けた者の氏名	金額	月日
漆原良夫（公明）	40 万円	1.20
中山泰秀（自民）	6 万円	2.17
丹羽雄哉（自民）	60 万円	3.18
自由民主党奈良県支部	10 万円	3.28
中川雅治（自民）	6 万円	4.4
清和政策研究会	14 万円	4.4
柴山昌彦	10 万円	4.18
清和政策研究会	6 万円	4.18
清和政策研究会	10 万円	5.9
中山泰秀（自民）	6 万円	6.10
高市早苗（自民）	16 万円	6.3
中川雅治（自民）	6 万円	7.3
中川雅治（自民）	10 万円	9.8
斉藤鉄夫（自民）	12 万円	11.4
とよた真由子(自民)	6 万円	11.10
公明党	10 万円	11.17
中川雅治（自民）	8 万円	12.11

軽減税率の問題は、いまだ自民と公明でこう着状態が続いているが、２００人を超

す自民党国会議員の賛同署名をいただき、かつ地方自治体の請願採択も290議会を超えているとのことから、「公共財としての新聞に軽減税率を導入すべきではないか」という声が、国民の間にふんわり広がりつつあるように思う。今後さらに活字文化の大切さを国民の皆様に理解してもらえるようがんばっていきたい。

他の3人の国会議員もやはり軽減税率の適用を勝ち取るための決意を表明している。総会の参加者にエールを送ったのである。

この総会で日販協政治連盟は、「消費税『軽減税率5%』の獲得へ、業界一丸で連携し最後まで活動を続けていくことを誓いあった」(『日販協月報』2014年4月1日付)という。

日販協による地方議会へのはたらきかけ

新聞に対する軽減税率の適用を求めて、日販協が地方議会に「新聞への消費税の軽減税率適用を求める意見書」を採択させ、それを安倍首相に送付させる工作を行っていたことも判明している。地方議員との交渉で使う意見書の例文には、「内閣総理大臣　安倍晋三様」の記述まである。

最終的な採択件数は不明だが、2014年5月の時点で、意見書を採択した地方議会は全国で289にのぼった。

わたしが在住している埼玉県朝霞市も、「新聞への消費税の軽減税率適用を求める意見書」を採択した自治体のひとつである。朝霞市のホームページには、意見書の全文が掲載されている。それは利根川仁志議長（公明）の名前で提出されたものであるが、『日販協月報』に掲載された意見書の文例とほぼ同じだ。

どのような経路をたどって日販協が作成したほぼ同じ文面の意見書を、朝霞市議会が安倍首相に提出することになったのだろうか？　この点を調べてみると、日販協の組織的な政界工作が明らかになった。

市議会に意見書の採択を求めたのは、保守系を中心とした5議員だった。このうち無所属と公明党の議員に、意見書が議会に提出された経緯を尋ねたところ、自民党系会派の議員が最初の提唱者であることが分かった。この議員は、提唱者になった経緯について次のように説明した。

「朝霞の新聞屋さんにたのまれて、それで提案しました。われわれも、必需品に対しては配慮してもいいのではないかと考えています。新座市、和光市でも同じ動きがありました。わたしは自民党を応援していますが、どっぷりという関係ではありません」

朝霞市の議員総数は24名。意見書の採択に反対したのは、共産党の3人と市民ネットの1人、それに無所属の1人だった。意見書は、19対5で採択されたのである。

新聞販売店が地方議員に陳情して意見書を採択させ、それを安倍首相に送付する戦術については、日販協も認めた。意見書の文案を作成した経緯について、日販協は次のように説明している。

——日販協月報に掲載されている文例は、日販協で作成されたものですか。

「日販協として、文例を作成しました」

——そうすると日販協が、地方議会に意見書を採択させるように活動されたわけですか。

「それは地元の方がやっています」

——日販協は地元のだれに文案を渡したのですか？　議員さんですか。

「地元の方です」

——地元の方というと地元の販売店のことですか。

「はい」

——地元の販売店が議員さんと交渉したということですね。

「はい」

――そうすると、日販協の本部が会員の販売店に意見書を採択してもらうために動くように指示されたわけですね。

「ええ、強制ではありませんが」

――最初にこういう運動を提案されたのは、日販協ですね。

「地方で独自にやられていたケースがあり、それを聞いて、わたしどもがみなさんに情報を発信したということです」

――これは政界工作ですが、新聞関係の団体がこうしたことをやって、問題視する声は出ていないのですか。

「問題があると考えたところは、実施されていないと思いますので、あくまでも地元で協議してやられているんだと思います」

「押し紙」問題の解決なしに新聞の再生はない

このように日販協の関係者による政界工作は、ほとんどはばかりなく行われている。

ここで当然問題になるのは、ジャーナリズムの独立性である。政治の力で現在の新聞販売制度を維持している状況の下で、自由闊達に政治批判、あるいは政治評論を展開できるのかという基本的な疑問が浮上してくる。これは極めて簡単な原理で、広告に依存したメディアが、広告を出稿してくれる広告主を批判できないのと同じである。

このような構図を把握する作業を抜きにして、ジャーナリズムの再生を考えることはほとんど意味がない。が、日本では昔から、新聞のビジネスモデルを客観的に把握する作業を怠ったまま、ジャーナリズムの再生方法が議論されてきたのである。

読者は次の引用文がいつ書かれたものか、推察できるだろうか。

たとえば、新聞記者が特ダネを求めて〝夜討ち朝駆け〟を繰り返せば、いやおうなしに家庭生活が犠牲になる。だが、むかしの新聞記者は、記者としての使命感に燃えて、その犠牲をかえりみなかった。いまの若い世代は、新聞記者であると同時に、よき社会人であり、よき家庭人であることを希望する。

読者の新聞批判は種々雑多だが、新聞取材、報道に関するものを大まかにまとめると――

一、報道・評論の姿勢に関するもの。

報道・評論の偏向を戒めるもののほか、不偏不党に固執するあまり独自の判断がなさすぎて物足らぬという批判も少なくない。

二、報道の行き過ぎ、取材の突っ込みが不足、誤報などから人権を侵害されたという訴えや、人権尊重を強調するものが多い。

この引用文は1967年、日本新聞協会が発行する『新聞研究』に掲載された「記者と取材」と題する記事のくだりである。執筆者は新聞取材研究会となっている。読者は、まるで現在の新聞批判を読むような錯覚に陥らなかっただろうか。「新聞はダメだ」という嘆きは最近になって始まったのではなく、実は、少なくとも半世紀前からあったのだ。

先人たちが、いつの時代にも「今の若者はダメだ」と呟いてきたように、新聞研究者や読者は、「今の新聞はダメだ」と新聞に対する不満を露わにしてきたのである。

とすれば、なぜ新聞ジャーナリズムを再生できなかったのだろうか。答えは簡単で、ジャーナリズムが衰退した原因を、客観的にビジネスモデルを解明し、その中に探り当てる作業を怠ってきたからにほかならない。

そして最大の原因とは、念を押すまでもなく、「押し紙」問題である。日本の新聞人が選んだのは、「押し紙」政策の廃止ではなく、それを柱としたビジネスモデルを政界工作で維持することだった。それが決定的な誤りだった。この点を認識することなしに、新聞ジャーナリズムの再生はあり得ないだろう。

あとがき

「押し紙」の取材をはじめたのは1997年だから、今年でちょうど20年になる。当時から今日まで、「押し紙」を柱とした新聞社の販売政策は何も変わっていないが、「押し紙」問題をとりまく環境は大きく変化した。「押し紙」の存在を多くの人々が知るようになったのである。インターネット上には、「押し紙」に関するデータがあふれている。その中には、「押し紙」回収の場面を撮影した動画もある。

「押し紙」は、厳密にいえば戦前からあったわけだが、過去に2度、この問題にメスが入りかけた時期がある。

最初は、1981年から85年にかけて、共産党、公明党、社会党の3党が国会の場で15回にわたって新聞販売の諸問題を取りあげた時期である。これらの国会質問を水面下で準備したのは、滋賀県新聞販売労組を組織して正常な新聞販売の運動を全国規模で展開していた沢田治氏である。国会質問は、沢田氏個人の功績に負うところが大きい。

沢田氏は、滋賀県選出の瀬崎博義議員（共産）や草川昭三議員（公明）と交渉して国会質問を実現させたのである。しかし、国会質問が終わると同時に「押し紙」問題も忘却の途をたどった。当時、インターネットが普及していれば状況は異なっていたかも知れないが、報道の手段が限られていたので、不特定多数の人々にこの問題を伝えることは出来なかった。

2度目は2007年、「押し紙」が争点となった読売新聞社と販売店の訴訟、いわゆる真村訴訟で、原告の真村久三氏が完全勝訴した時期である。最高裁で判決が確定した。真村訴訟勝訴の時期から、月刊誌や週刊誌が盛んに「押し紙」問題を取りあげるようになった。しかし、2009年にわたしが週刊新潮に執筆した「押し紙」問題の記事に対して、読売新聞社が約5500万円の損害賠償を求める名誉毀損裁判を起こすと、「押し紙」報道は急激に下火になった。この時期、読売はわたしに対して3件の訴訟を起こしており、請求額は総計で約8000万円にもなった。

裁判提起が「押し紙」報道を萎縮させたようだ。裁判はわたしと新潮社の敗訴だったが、判決内容については納得していない。裁判資料はすべて保存しているので、今後も裁判の検証を続ける。

そして現在、「押し紙」問題がみたびクローズアップされてきた。「押し紙」を柱とした新聞社のビジネスモデルそのものが破綻し始めたからである。こうした状況の中で、20

17年3月30日、共産党の清水忠史議員が国会で35年ぶりに「押し紙」問題を取りあげたのである。

さらに、「押し紙」をなくすための新しい運動も起こっている。弁護士が中心になって「NO!残紙キャンペーン」(http://no-zanshi.com/)を始めたのだ。この運動には、自由法曹団の弁護士から右派系の市議まで、思想や信条の違いを超えて様々な人々が参加している。もちろんわたしも賛同者である。このような運動が可能になったのも、インターネットの力が大きい。

次にわたしが「押し紙」についての本を執筆するのは、おそらく「押し紙」問題が解決した後になるだろう。新聞が生き残る唯一の道は、経営上の汚点を払拭したうえで、調査報道に力を注ぐことである。それが最も簡単な生存方法である。

本書は、新聞の諸問題、特に「押し紙」をテーマとしてわたしが執筆した7冊目の本である。執筆を提案していただいた花伝社の平田勝社長と、編集担当の佐藤恭介氏には、お礼を申し上げる。

2017年5月2日

黒藪哲哉

資料1　2017年3月30日の清水忠史議員による国会質問

第193回国会　消費者問題に関する特別委員会　第3号
平成二十九年三月三十日（木曜日）午前八時五十分開議

○河野（太）委員長代理　次に、清水忠史君。

○清水委員　日本共産党の清水忠史でございます。

早速資料の一を見ていただきたいんですけれども、ことし一月に発行された消費者法ニュースに、新聞残紙問題、いわゆる押し紙問題の特集が組まれ、弁護士などが寄稿しておりまして、きょうはこの問題について取り上げたいと思うんです。

松本大臣、突然なんですけれども、松本大臣自身は新聞配達のアルバイトの経験はございますか。

○松本国務大臣　新聞配達のアルバイトはありません。

○清水委員　実は、私は中学のときからずっと配達しておりまして、大学受験に失敗して予備校時代には、毎日新聞の販売所に一年間住み込みをいたしました。配達、集金、折り込み作業というのが本当に大変でして、将来こんな仕事は大変だな、やりたくないなと思っていたんですけれども、共産党に入ったら赤旗の配達、集金をやらされまして、何の因果か、本当に大変だなと思っております。

それだけに、何げなく日々新聞が届いているんですけれども、我々の手元に届くまでは、新聞本社はもちろん、それから記者の皆さんの努力、さらには配送だとか印刷だとか皆さんの努力があると思います。何といっても、やはり販売所と配達員の毎日の努力があってこそ、私たちがそうした新聞を手にとることができるというふうに思うんですね。

それで、新聞残紙、押し紙というものは、新聞本社から供給されている新聞のうち、販売店から個別の読者に配られることのない、読者のいない新聞のことでありまして、これはほとんどがごみとして捨てられます、古紙回収業として。また、販売店の営業を圧迫しているというふうに言われております。

最初に公正取引委員会の方に伺うんですが、一般的に、新聞本社が販売店に対して注文部数を大幅に超える新聞を発送していること、この押し紙行為が判明した場合にはどのような対処をされておられるでしょうか。
○山本政府参考人　お答え申し上げます。
独占禁止法におきましては、禁止する行為といたしまして、不公正な取引方法というものがございます。新聞業につきましては、新聞業における特定の不公正な取引方法、新聞特殊指定というふうに申しております。これにおきまして、発行業者が、販売業者に対し、正当かつ合理的な理由がないのに、販売業者が注文した部数を超えて新聞を供給すること、または、販売業者に自己の指示する部数を注文させ、当該部数の新聞を供給すること、これによりまして販売業者に不利益を与えることを不公正な取引方法として規定しておりまして、このような行為は独占禁止法で禁止されているということでございます。

公正取引委員会といたしましては、このような行為が行われている場合には、独占禁止法に基づきまして厳正に対処をしてまいりたいと考えておるところでございます。
○清水委員　昨年三月二十四日に、公正取引委員会は朝日新聞社に対して、独占禁止法違反につながるおそれがあるとして、違法行為の未然防止を図るという観点から注意を行っております。しかし、その後もいわゆる押し紙問題は解決しておりませんし、これはほかの新聞社に対しても言えることだと思うんです。
資料の二をごらんください。ちょうどきのうなんです、これ。ちょうどきのう、佐賀新聞押し紙訴訟というもので判決が出ました。その弁護団の声明をきょう皆さんに、弁護団の皆さんの了解を得てお配りさせていただいております。

この事件は、ある販売店が、押し紙の仕入れ代金の増加に苦しめられておりまして、昨年四月に、弁護士を通じて、新聞社に対して減らしてほしいという減紙の申し入れを行ったわけです。ところが、佐賀新聞社は、減紙の申し入れに応じないばかりか、押し紙の仕入れ代金七百万円を払えと請求してきた。それだけではありません。この販売店との契約を一方的に解除するという通告をしたということなんですね。そのために、弁護団が契約更新拒絶の無効を求める仮処分の申請を行い、それが認められたという声明なんですね。

それで、本当にこれはリアルなんですけれども、資料の三、皆さんにお配りしている四枚目をごらんいただきたいというふうに思います。

これは、販売店の注文部数と佐賀新聞社が供給した部数の生数字です。これも了解を得て、きょう皆さんにお示しさせていただいております。

平成二十八年、二〇一六年四月、販売店の注文部数が二千五百五十部であったのに対し、佐賀新聞社は、四百三十部も多い二千九百八十部を毎日供給していたわけであります。ずっと続きまして、ことしの二月にも、二千五百二十部で注文しているにもかかわらず、二千九百五十九部、四百三十九部多い、これは一・二割ぐらいですからね、そういう新聞を供給している。これはまさしく、先ほど公正取引委員会の方からも答弁ありましたけれども、独占禁止法に違反する行為だと言えるのではないでしょうか。

それで、資料の二枚目、三枚目にもつけましたけれども、この声明文にもありますように、やはり、販売店を苦境に追い込む押し紙というのは、佐賀新聞社のことだけじゃないいんです。ほかの新聞にもあるんです。

実は私調べました。直接伺った朝日新聞の販売店、特定しませんが、読者数が約二千なんですね。それに対して予備紙が七百部でした、七百部。読者がいない新聞が三割以上ごみになっているんです、毎日。

さらに言いますと、読売の販売店では、管理能力を超えた残紙のせいで新聞こん包が入り乱れる。つまり、千二百とか千三百とか千四百とかの残紙があると、もう一々販売所の中に入れないで出しっ放しにするんですよ。そこに古紙回収者が来て積んでいくのですけれども、古紙回収業者も最近もうかりまして、夫婦二人でやっていたのを従業員を雇うようになったんですよ。そうしたら、従業員は一週間に一回休まさなあかんでしょう。休みの日にとりに来なくて、そこへ次の日に読売新聞の翌日の朝刊がどさっとおりて、混在して、前の日の新聞を読者に届けるという事件も起こっております。

毎日新聞も結構ひどいんですね。大阪地裁では今二件の訴訟、いわゆる本社と販売店の訴訟が係争中であります。

結局、三百も四百も五百もある新聞というのはごみになりますから、ちょっとでもお金を払ってくれるんやったら配達した方がいいんですよ。ですから、これは原価割れ、まさしく再販を崩して、新聞の定価を独自に決めて、例えばスポーツ新聞に本紙をつける。昔は毎日新聞に土日スポーツニッポンをつけていたんですけれども、今は逆で、スポーツニッポンに毎日新聞の本紙をつけるというようなこともやっておりまして、まさしく読者間の負担の公平性という観点から、これは消費者問題にもつながるというふうに私は思っております。

それで、なぜこのようなことが放置されているのか。実は、これは一九八二年三月八日に、我が党、共産党の議員が初めてこれを取り上げたんですね。瀬崎衆議院議員でありました。三十五年たってもいまだにこのような状況が残されているというのは大問題だと思います。

そんなんやったら、要らぬと言うたらええやん、切ってくれと言ったらいいんじゃないの、販売店はと思われるかもわかりませんが、実は、新聞本社が優越的な立場を利用して販売店が告発させせないという仕組みができ上がっているんですよ。

例えば、販売店の方が公正取引委員会に告発するとか、あるいは弁護士とか政治家に何とかしてくれとお願いしているのが知れると、もうとんでもない嫌がらせや仕打ちを受けると。例えば改廃というのがあります、強制改廃。先ほどの佐賀新聞の例ではありませんけれども、一方的に契約を解除する、そして、そこの販売店が持っていた読者を別の販売店に全部つけかえて廃業に追い込む、こういうことが行われるので物が言えないという状況があるんですね。

もう一つは、読者に配られていない新聞については補助金とか奨励金が出るんですよ、補助金、奨励金が、一部当たり幾らかというのが。ですから、新聞残紙、押し紙を減らすと自動的に補助金、奨励金も減るので販売店にとってはやはり減収になるという。

さらに、折り込み広告が持ち込まれますけれども、この折り込み広告というのは、いわゆる申請部数に基づいて基本的に持ち込まれますので、供給部数が減ると、スーパーやあるいはマンションのチラシなどが持ち込まれる、その折り込み部数も減るということでこれも減収になる。どっちにしてもジレンマに陥って、販売店の方々が余分な新聞を、大量の新聞を切ってくれというふうに言い出せないというような仕組みがあるということを、私はいろいろな方からお話を聞いてわかりました。

胸を痛めた話がありますので、紹介します。

この販売店では日本経済新聞社に対して毎月増減表を送付しているんですが、全くこれが改善されない。私は見せてもらいました、注文票とそして請求書。全くこれは反映されない。結局、この方は、立場が弱いですから、日本経済新聞社に対して仕入れ代金を納めるために泣く泣く六百万円の借金を背負ったと。この方はおっしゃいます、このままでは、日本の伝統文化である新聞宅配制度がもう崩壊しますよ、やっていられないですよと。これはやはり私は危機だというふうに思うんですね。

公正取引委員会にお伺いするんですけれども、こうした販売店の方々が公正取引委員会に通報した場合、具体的にどう対応してくれるのかということですよ。個別の例はいいですよ。一般的な話なんです。

というのは、どの方に聞いても、公取は当てにならぬと言うんですよ。それは人によるかもしれませんよ。潰されるかもわからない、不利益を受けるかもしれないという決死の思いで通報しているにもかかわらず、それに応じた対処をしてもらえていないという声を私はたくさん聞きましたので、具体的にどのように対応していただけるのか、今のお話を聞いていただいて、そして、販売店の情報はしっかり守られるのか、この辺いかがか、お答え願えますでしょうか。

○山本政府参考人　お答え申し上げます。

公正取引委員会におきましては、独占禁止法に違反すると思料される事実について申告を受ける場合には、電話、書面、こういったものだけではありませんで、必要に応じまして、申告をしたいという方々と面談をするなどによりまして、丁寧にお話を聞くこととしておるところでございます。

また、例えば、申告される方が不公正な取引方法により被害を受けている、このような事業者の方の場合には、やはり、公正取引委員会に申告を行った事実が外に漏れてしまいますと、そのことによりまして立場の強い取引先から取引を切られてしまう、こういった懸念を抱いていることは大変多いというふうに私ども認識をしております。

このため、事業者の方々が安心して公正取引委員会に情報を寄せていただけますように、申告いただいた場合には、その事実が外部に漏れることのないよう万全の管理はしているところでございます。

○清水委員　ぜひそうした対応をしていただきたいと思うんです。販売店の皆さん、今の答弁を聞いていらっしゃると思います。

それで、公正取引委員会さんには、この間、私の事務所を通じて、さまざまな、押し紙や残紙の実態を告発する資料についてお渡しもさせていただいております。ぜひこれを分析してほしいんですけれども、相談があれば対応するという受け身ではなくて、本当に、本社とか販売店に抜き打ちの調査とか実態調査、こういうものをやっていただくということが私は効果的ではないかというふうに思いますので、これも販売店の皆さんの思いですから、しっかり反映させていただきたいということを要望しておきたいと思います。

大臣、ほかにも、販売店が苦しむというだけじゃなくて、この残紙の問題、押し紙の問題にはさまざまな実は弊害があります。

例えば、ごみになるということですね。読まれないんですよ。大量の古紙ができるわけで、ある販売店の方は、販売所におろさないで、もうそのまま持って帰ってくれ、そのまま古紙回収業者に搬入してくれ、その方が手間が省けるというふうな話まであるんですね。これは、やはり再生紙に利用するよりも押し紙をなくした方が、CO2排出などの環境にもいい影響を与えるというふうに思います。

それから、先ほど申し上げました、新聞に入る折り込み広告です。これは、実際の読者数を超えて持ち込まれているということであれば不当な取引ですよ。不利益をこうむるわけですよ。ですから、ここも大問題だということ。

それから、これも大事な問題なんですけれども、新聞折り込みには政府が発行する広報もございます。この間、私の事務所でこれを調べたんですけれども、政府広告には、内閣府が発行しているもののほかに、各省庁独自に折り込みを広告代理店の方に委託をして行っております。ただ、私、いろいろ、ABC協会とかも調べたんですけれども、実際の読者数なのかあるいは販売店に供給している部数なのか、これは定かでないんですよね、政府広告であるにもかかわらずですよ。

つまり、これがもし残紙の分も含んで折り込みチラシが印刷されて販売店に供給されているとすれば、読者に届かない政府広報が印刷されているということになるわけで、これは国民の税金が無駄に使われているということにもつながりかねない問題だというふうに私は思っております。

大臣にお伺いします。

国民生活センターの資料によりますと、新聞勧誘トラブル、これが二〇〇六年から二〇一六年の間で十万八千件確認されているということなんですね。とりわけ、この間は、高齢者の皆さんに対する新聞勧誘のトラブルというのが非常にふえていまして、第一位なんですよ。第二位は屋根工事なんですけれども、屋根工事の相談の十倍が新聞勧誘トラブルなんですね。

もちろん、高齢者ですから、認知症の方もおられるでしょうし、結局、何でこんなことになっているのかというと、大量に販売所に届けられる、ごみと化す、これを少しでも読者に結びつけたいという意識がこうした強引な勧誘に結びついているとすれば、これはやはり新聞残紙問題が消費者問題、消費者トラブルの要因の一つだと私は考えられると思うんですね。

ぜひ、大臣、この議論を聞いていただいて、押し紙かどうかの定義は新聞本社や販売所によって違うんです、実は。新聞社は、我々は押し紙はやっていない、注文部数をちゃんと供給していると。しかし、販売店の方はそうじゃないと。

定義はいろいろありますが、日本の全国に、訴訟のお話もしましたけれども、配られない大量の新聞があるということ、そして、これが新聞勧誘トラブルの一つの要因にもなりかねないということについては、きょうの私の質疑を聞いて少しは認識を持っていただけたのではないでしょうか。いかがでしょうか。
○松本国務大臣　消費者庁といたしましては、どのような背景にあるかにかかわらず、また商品やサービスの種類を問わず、事業者の強引な勧誘による消費者被害が発生している場合には、法に違反する事実があれば、所管法令に基づいて厳正な対応を行うことが重要と認識をしております。
また、悪質な事業者による消費者被害に対応するためには、法執行の強化、また相談体制等の強化充実、消費者教育の推進等を行うことが重要と認識をしております。
○清水委員　直接、残紙の問題については触れていらっしゃらないんですけれども、私の質疑を聞いていただいて、その一つの要因になっているということについては理解していただけたというふうに思います。
やはり拡張員の方も、五百部も千部も押し紙があったら、一部、二部ふえてもうれしくないと言うんですよ。私は、我が国の組織ジャーナリズムを健全にしていくためには、やはり一社だけじゃなくて新聞業界全体でこの残紙、押し紙の制度を解消していくべきだというふうに思っています。フリーのジャーナリストの皆さんも活躍されているんですが、やはり何が正しいかというときに、組織ジャーナリズムの重要性というのは絶対必要ですよ。日本の場合は宅配率がずば抜けていますでしょう。駅売りというのも一部じゃないですか。よその国と比べたら、宅配率はすごいんですよ。これが、言論の自由を守り、平和で豊かな暮らしを求める国民に正確で必要な情報を与えるジャーナリズムの役割。

インターネットが普及していますけれども、僕は、紙媒体、新聞というのはこれからもずっと残していくべきだし、残っていくべきものだと思っています。昼夜を分かたず配達、集金に苦労されている販売所やあるいは配達員の方々の御苦労をしっかりと受けとめていくというのが、私たち政治家の役割ではないのかなというふうに思っております。声なき声にしっかり応えていくということが大事だと思っております。

誇りを持ってこの仕事に取り組んでおられる販売所の皆さん、配達員の皆さん、この汗と苦労と涙にしっかりと応えていくために、本委員会の皆様方にも、この新聞残紙問題、押し紙問題についてぜひ御理解とそして認識を持っていただきたいということをお願い申し上げまして、私の質問を終わります。

ありがとうございました。

博報堂事件についての解説

（海外メディア向けプレスリリースの日本語原文）

黒藪哲哉

国有地を不当に安価な価格で払い下げた事件に政治家が関与していた森友学園事件、海上自衛隊艦船「かが」の就航、さらにF35Aステルス戦闘機の配備など、安倍政権の体質を象徴するようなニュースが脚光をあびるなか、意外に海外に知られていないのが、広告代理店を媒体としたメディアと政界の癒着です。

2016年3月、わたしは博報堂についての取材をはじめました。それから1年が過ぎ、取材の成果を海外のメディア向けにリリースすることにしました。

博報堂に関する事件を取材する糸口となったのは、現在、博報堂と係争中の民間企業・アスカコーポレーション（本社・福岡市）から、博報堂との取引きに関する多量の資料提供を受けたことです。その資料の検証作業を進め、さらに第2ステージとして、博報堂と内閣、さらに省庁などとの取引きに関する資料を情報公開請求によって入手し、中身を精査しました。

以下、恐るべき博報堂の業務実態を海外メディア向けに報告します。このプレスリリースを海外メディア向けにしたのは、著しく広告代理店に依存している日本のメディアよりも、海外メディアの方がジャーナリズム企業としての自覚が高いと判断したためです。貴国から日本の広告代理店の実態を報道していただければ幸です。

このプレスリリースでは、最初に最も問題が深刻な安倍内閣の中枢・内閣府と博報堂のPR業務に関する業務の実態を報告します。裏金の疑惑も浮上しております。それから省庁、民間企業アスカコーポレーション、さらには地方自治体における博報堂との広告取引を検証しました。

最後に、博報堂の裏面史にも言及しました。日本の黒幕と言われた元A級戦犯容疑者・児玉誉士夫氏との関係や、内閣府の関係者や警察関係者の天下りの実態にも言及しました。

1　内閣府にどのような疑惑があるのか

わたしは新聞社や新聞ジャーナリズムを取材してきた関係で、定期的に政府広報についても検証作業を実施してきました。その具体的な方法のひとつに、情報公開請求によって、政府広報に関連した資料を入手し、それを検証する作業があります。

２０１６年８月、情報公開請求により、内閣府から政府広報に関連した約９００枚の資料を入手しました。これらの資料は広告代理店が内閣府に対して送付した新聞広告の制作・掲載、テレビＣＭの制作・放送などに関する契約書と請求書です。見積書についても情報公開請求しましたが、見積書は存在しないことが分かりました。

そこで契約書と請求書を中心に、検証作業を進めました。具体的には契約金額と請求額に整合性があるか、新聞広告の制作・掲載料やテレビＣＭの制作・放送料が適正か、契約どおりに業務が行われたか、などを検証したところ、様々な疑惑があるひと組の契約書と請求書を発見しました。

それは「政府広報ブランドコンセプトに基づく個別広告テーマの広報実施業務等」と題するプロジェクトの契約書と請求書です。このプロジェクトの契約が締結されたのは、平成27年４月１日です。

この契約書がわたしの注意を引いたのは、契約額が約６７００万円であるにもかかわらず、請求額の総計が新聞広告だけでも、20億円を超えていたからです。

この事実について内閣府に問い合わせたところ、次のような説明を受けました。

契約額はこのプロジェクトを進めるための構想の費用（構想費）であって、ＰＲ業務そのものは、臨機応変に別途発注できる取り決めになっている。そのために、契約額として明記された約６７００万円を大幅に超える請求となった。政府広告の出稿は、社会情勢の変化で左右され、先が予測できないので、見積もりを取ってから発注していたのでは、タイミングを逸する、そこでこのような方法を採用している、というのが内閣府の言い分でした。

内閣府の説明を裏付けるかのように、確かに契約書に記された約６７００万円の契約額の下に、次のような記述があります。

「・契約単価　別紙契約単価内訳表のとおり（消費税別）」

この記述を読む限りでは、単価設定は約6700万円の契約額の内訳のように思えますが、内閣府の説明によると、内訳ではなく、たとえば新聞広告を出稿する場合であれば、あらかじめ各新聞社ごとに記事1段あたりの価格（単価）を決めておき、出稿した広告のスペース（段数）に準じて価格を決め、全社の価格合計を請求額として、博報堂が請求書を発行する制度になっているというものです。新聞広告だけではなく、テレビCMについても、見積書を発行しないまま、制作・放送を発注できる制度になっているとのことです。

このような制度が2012年度から導入されています。その結果、メディアへの国家予算がどんどん膨れあがっています。国家予算の支出実績を記録した文書＝行政事業レビューシートのうち、内閣府による広報関連の金額は次のとおりです。

【野田政権】12年度　38億883万円
【安倍政権】13年度　47億1700万円
【安倍政権】14年度　58億3700万円
【安倍政権】15年度　60億8600万円

わたしは、見積書も作成せずに国家予算を支出するのは大きな問題があると考え、なにか別の合理的な方法を採用しているのではないかと内閣府に質問しました。その結果、驚くべきことに、「口頭とメモ」で指示していると回答してきました。厳密に管理されなければならない国家予算が、「口頭とメモ」だけ、つまり内閣府の裁量だけで支出されその結果、2015年度を例にとると、博報堂に対する新聞広告の発注だけで20億円を超えたのです。この事実は看過できません。

しかも、わたしが調査したところ、「政府広報ブランドコンセプトに基づく個別広告テーマの広報実施業務等」の下で、さまざまな疑惑が浮上しています。以下、疑惑の詳細を順番に説明させていただきます。

2　「構想費」の裏金疑惑

まず、契約額として契約書に明記されている「構想費」とは何かという疑問があります。これについて、2015年度の構想費約6700万円を例に事実関係を明らかにします。

内閣府によると、構想費の内訳は契約書の仕様書「5．業務内容」に明記されている作業内容であるとのことです。それによると、大半はアイディア（内閣府の職員向けのセミナーも含む）の提供という漠然とした知的労働です。ただし、次の3点については仕事の「成果物（物質）」が発生します。

①30秒のユーチューブ動画が2本
②21本のニュースレター
③フェイスブックとツイッターのコンテンツの制作

これらのうち、①に要した費用は、わたしの推測になりますが、いくら高くても100万円です。②は50万円程度です。③については、情報公開請求で「成果物」を請求したにもかかわらず、存在していないことが確認されました。

内閣府が開示決定した「成果物」は①と②であり、③の扱いについては回答がなく、制作していない疑惑があります。それにもかかわらず、「構想費」は1円も差し引かれず、そのまま請求されています。

つまり、約6700万円の「構想費」の大半は、知的労働、たとえばアイディアの提示、アドバイスなどに使われたことになりますが、常識はずれに高い価格であることは言うまでもありません。というのも、たとえ日当を10万円に設定して、1年を通じて休みなく仕事をしても、3650万円にしかならないからです。実際に10万円の日当などありえません。この構想費が何に使われたのかが、大きな疑問点になっています。

ちなみに構想費は、年度毎に次のように高くなっています。

2012年度：約3980万円
2013年度：約4640万円
2014年度：約6670万円
2015年度：約6700万円

知的労働の対価がこれだけ甚だしく高騰しているのは不自然です。

ちなみに元博報堂の社員で作家の本間龍氏は、「構想費」について、わたしの取材に答え、次のように証言しています。

「年間の広告戦略を立てるために代理店とスポンサーの広報担当が複数回のミーティングを持つことはよくあります。しかしそれらは大抵の場合、その後作られるＣＭやイベント費の中に『企画費』として含まれることが多く、単体の『構想費』として請求されることはありません。その企画費にしても、大規模な市場調査などでもしない限り、せいぜい高くても500万円程度止まりのはずです」

こうした国家予算の支出は背任行為の疑惑を免れません。裏金になった疑惑もあり、構想費が具体的に何に使われたのかを明らかにする必要があると思います。

3 仕様書に則した仕事が履行されていない事実

改めていうまでもなく政府の広報活動の民間への委託を含む公共事業は、契約書の内容に沿って行わなければなりません。ところが「政府広報ブランドコンセプトに基づく個別広告テーマの広報実施業務等」では契約書に添付された「仕様書」に則して制作が履行されていない部分が見うけられます。

たとえば2015年度に例を引くと、契約書に添付された「仕様書」では、次のような仕様になっている箇所があります。

a 新聞記事下広告原稿
・モノクロ広告及び4色カラー広告
・サイズ及び制作回数
○ブランケット判：全 15段×2回（内、1回は4色カラー広告）
全10段×2回（内、1回は4色カラー広告）

しかし、「成果物」を調べたところ15段のカラー広告は一度も掲載されていません。また、10段広告は一度も掲載されていません。また、各請求書に明記された明細文にも「15段のカラー広告」や「10段」という記述がありません。

このように契約内容が守られていません。なぜ、契約通りの業務が行われていないのか、内閣府は説明すべきでしょう。たしかに仕様の変更がやむを得ない場合もありますが、それはむしろ例外的なケースであり、その場合は見積書で価格と作業内容を再確認するのが一般的です。

4 電通と博報堂の役割分担について

さらに新聞広告を制作するに際しての役割分担にも、不可解な点があります。

通常、新聞広告の制作は、版下制作から版下の配信まで、ひとつの広告代理店がおこないます。もちろん分担することもありますが、それはむしろ例外的なケースに限るというのが広告業界の通念になっています。

なぜ、版下制作から広告配信までを1社がトータルで担当するのかは、次のような事情によります。広告代理店は、版下の制作よりも、新聞各社へ広告の版下を配信することで発生するマージンで大きな利益を得るからです。版下を制作しても、そこから高い利益を上げることができません。版下制作はITの進化でデザインの知識が少しあれば、だれでも制作できます。いくら高く見積もっても、100万円程度です。民間企業では、10万円のレベルで行われています。

こうした事情があり、広告代理店は版下よりも、むしろ広告の版下を配信するマージンで大きな利益を得ます。ところが「政府広報ブランドコンセプトに基づく個別広告テーマの広報実施業務等」のプロジェクトでは、版下を電通が制作したケースが少なくとも7件あります。

たとえば2015年7月、全国71紙に「高齢者詐欺防止」の5段広告が掲載されたのですが、これは電通が版下を制作して、博報堂がそれを配信したケースです。博報堂が内閣府に請求した額は、約1億3200万円です。一方、電通が内閣府に請求した版下制作費はまったく分かりません。

分からない理由は、電通が内閣府にあてた請求書の形式にあります。電通は、この広告の版下制作費と他の業務で生じた費用（テレビやラジオのCM、インターネット広告の制作等）を総まとめにして、トータルで請求しているからです。その額は約8800万円ですが、明細はまったく分かりません。なぜ、明細を示せないのかといえば、電通も「高齢者詐欺防止」というトータルなテーマをベースとした受注をしているからです。

2つの広告代理店が同じ「高齢者詐欺防止」というテーマで仕事を受注していること自体が異常です。しかも、一部の版下だけは、電通が制作したことになっているわけです。

わたしは内閣府に対して、「政府広報ブランドコンセプトに基づく個別広告テーマの広報実施業務等」のプロジェクトで博報堂が配信した新聞広告のうち、電通が版下を制作したものを特定したうえで、その制作費を開示するように情報公開請求を行いました。ところが内閣府は、それを拒否しました。非開示としたのです。

常識的に考えて、電通が自社で制作した版下を無条件で博報堂に譲るはずがありません。正当な範囲の版下制作費は100万円に満たないというのがわたしの見方であり、それを超えていれば、不当に高い金額が電通に支払われたことになります。

さらに電通が版下を作り、それをそのまま新聞各社に配信して、マージンを得ている疑惑もあります。もし、このような推察が正しいとすれば、博報堂からの請求は架空請求、あるいは二重請求ということになります。この点を解明するためには、内閣府が電通に支払った版下制作費の額を明らかにする必要があると思います。

5　請求書の形式そのものが不可解

博報堂が発行した請求書そのものにも不可解な事実が多数確認できます。これは内閣府に限ったことではなく、わたしが調査した限り、防衛省や環境省など、ほとんどの省庁で事実を確認することができます。まず、博報堂の請求書の特徴を示し、それから解説いたします。

a）請求書がエクセルで作成されており、博報堂の正規の請求書ではありません。博報堂が使っている正規のものは横書きで、ロゴも入っています。

これについては、博報堂の社員・本間龍氏もわたしの取材に答えて、「正規のものではない」と回答しています。

ちなみに防衛省などは、ワードで作成されています。

b）請求書に発行年月日が入っていません。なぜ、入っていないのかについては、次のような事情があると推測します。国家予算は次年度に繰り越しされない規則なので、別年度の余った資金を博報堂の支払いに割り当てる申し合わせがある。その際、取り決められた広告単価を基準にした価格を無視して、内閣府の裁量で支払い額を決めている。

c）前節で述べたように、請求書に日付けが入っていないわけですから、請求書そのものが正規の会計システムの中で作成されたものではありません。

おおまかに言えば以上のような特徴があるわけですが、常識を逸した請求書であることは議論の余地がありません。通常、民間企業、特に上場企業やその連結子会社は、正規の会計システムに則した経理を行う規則になっています。その背景には、粉飾決算などを防止するために、企業内の「内部統制システム」の構築が金融商品取引法などで義務づけられているからです。

【金融商品取引法24条4の4】

（略）事業年度ごとに、当該会社の属する企業集団及び当該会社に係る財務計算に関する書類その他の情報の適正性を確保するために必要なものとして内閣府令で定める体制について、内閣府令で定めるところにより評価した報告書（以下「内部統制報告書」という。）を有価証券報告書（同条第八項の規定により同項に規定する有価証券報告書等に代えて外国会社報告書を提出する場合にあつては、当該外国会社報告書）と併せて内閣総理大臣に提出しなければならない。

つまり正確な経理記録を報告する義務があるがゆえに、正規の会計システムの採用が不可欠になっているわけです。その正規の会計システムとは、簡単に言えば、見積書、請求書、それに納品書を同一の書類番号でコンピュータ管理するというものです。逆説的に言えば、もしこのような会計システムを採用していなければ、非公式な請求を起こして裏金を作るなどの不正の温床があることになります。

博報堂は現在も書類番号が欠落した請求書を使っているわけですが、博報堂のあずさ監査法人がこれを見逃している事実も重大です。常識では考えられないことです。不適切な経理処理として指導するのが監査法人の任務です。

あるいは、博報堂が監査法人に内閣府分の経理を報告していない可能性もあります。この場合は、内閣府から引き出された「収入」は博報堂の別口座へ振り込まれていると考えるのが妥当でしょう。

正規の会計システムでは見積書、請求書、納金書を整合させることが基本となっています。そのために不可欠なのが共通した書類番号です。博報堂の請求書にはその番号すら付番されていません。見積書に至っては存在しません。そのことだけでも、金融庁や国税局、それに会計検査院が調査対象にするのが妥当なはずですが、現在のところ何の問題にもなっていません。

6　天下りの実態について

以上が「政府広報ブランドコンセプトに基づく個別広告テーマの広報実施業務等」に対して、わたしが抱いている疑問点です。

次に博報堂への天下りについて言及します。結論を先に言えば、内閣府と警察関係者が多い事実があります。現在、博報堂へ天下っているのは次の人々です。

・阪本和道（審議官）［博報堂顧問］
・田幸大輔（広報室参事官補佐・広報戦略推進官）［博報堂顧問］
・松田昇（最高検刑事部長）［博報堂ＤＹホールディングスの取締役］
・前川信一（大阪府警察学校長）［博報堂顧問］
・蛭田正則（警視庁地域部長）［博報堂ＤＹホールディングスの顧問］

このうち田幸大輔は、２０１４年3月31日に内閣官房の広報室参事官補佐・広報戦略推進官の地位で退官されました。その翌日、4月1日に２０１４年度の「政府広報ブランドコンセプトに基づく個別広告テーマの広報実施業務等」の契約が博報堂との間で締結されています。そして1か月後の5月1日に博報堂へ再就職しています。つまり、２０１４年度の「政府広報ブランドコンセプトに基づく個別広告テーマの広報実施業務等」の契約締結に至るプロセスにかかわっていたことになります。

余談になりますが、警察関係者の天下りが多いのは、「治安維持」のための国策プロパガンダの戦略を練るための戦力を求めている証だと思われます。

7　郵政事件と博報堂

以上が内閣府と博報堂の間で明らかになった疑惑です。以下は、今回の国会質問とは関係ありませんが、参考までに、博報堂がこれまで起こしてきた経済事件、省庁・地方自体・民間企業における「暴走」について若干言及しておきます。参考にしていただければ幸です。

博報堂による犯罪的な行為が表沙汰になったのは、日本郵政公社が民営化される時期、２００７年ごろからです。日本郵政公社は、２００７年に4社に分社化されたわけですが、この時期に博報堂は、これら4社に対するＰＲ業務を独占する権利を獲得しました。その結果、年間で２００億円規模の事業が博報堂へ発注されるようになりました。

総務省もこうした実態を問題視して、独自に調査したうえで、報告書を作成しております。その中に博報堂への発注の実態について、次のように述べています。

「博報堂には民営化後の平成19年度の同グループの広告宣伝費約１９２億円（公社から承継された契約に係る部分を含む）のうち約１５４億円（全体の約80％）が、平成20年度の同247億円のうち約223億円（同約90％）が各支払われている」（『日本郵政ガバナンス問題調査専門委員会報告書の「別添」・検証総括報告書』、2010年）

こうした癒着の背景に博報堂による接待攻勢があったことも、総務省の報告書に明記されています。

その後も博報堂は障害者郵便制度悪用事件を起こしています。2009年に大阪地方検察庁特別捜査部が摘発した事件で、障害者向けの割引制度を一般企業のダイレクトメールに使用していた事件です。この違法行為を承知の上で営業活動を展開していた企業のひとつが博報堂（厳密には博報堂エルグ）です。博報堂エルグの幹部も逮捕されました。

8　総務省・文科省・防衛省・環境省の実態

内閣府とは別の省庁においても、博報堂に発注した業務には不自然な国家予算の支出が観察できます。概略を申し上げますと、文科省・防衛省・環境省で不自然に高額な請求が行われております。また、総務省においては、後述しますように、国勢調査の告知（新聞広告）を「間引き」していたことも分かっています。

さて、国家予算の無駄遣いの問題ですが、次のような事実があります。たとえば2015年度に、文部科学省が博報堂に対して海外留学促進のプロジェクトで、ウエブサイトの制作を2100万円で発注しました。

わたしはこの業務の成果物を情報公開開示したところ、制作したウエブサイトはごく通常のもので、ページ数も9ページしかありませんでした。しかも、前年の2014年度にも、博報堂に対して1500万円、博報堂プロダクツに対して200万円、㈱パズルに対して200万円の計3本のウエブサイトを発注していたことも分かりました。

また、防衛省でも、ウエブサイトを理由に多額の国家予算が博報堂に注入されています。たとえば2014年（平成26年）ホームページと携帯サイトの構築・捕手整備費として、約1000万円が支出されています。その翌年、2015（平成27年）にも、同じ目的で約1000万円が支出されています。

防衛省は「自衛隊音楽まつり」の企画でも、博報堂に法外な国家予算を支出しています。自衛隊音楽まつりとは、ウィキペディアによると、「防衛省が毎年11月に日本武道館で行う自衛隊音楽部隊の演奏会」です。

防衛省は、この自衛隊音楽まつりの企画を博報堂に発注してきました。その際、博報堂からの請求額は、２００９年（平成21年）から２０１３年（平成25年）までは、約２９９９万円で変化はありませんでしたが、２０１４年（平成26年）になると、３８９９万円に上がっています。さらに翌２０１５年（平成27年）には、さらに請求額が増え４３７８万円になっています。

環境省については、クールビスに関するプロジェクトの発注が多く、２０１５年度の場合、主要なものは次の通りです。

①平成27年度ＣＯ２テクノロジーアセスメント推進事業委託業務：約９９００万円
②平成27年度ＣＯ２削減アクション推進事業委託業務：２億２５００万円
③平成27年低酸素社会づくり推進事業委託業務：８億６３００万円

①から③のテーマから察し、分割して発注する必要があるのかも疑問です。具体的にこれらの国家予算をどのような用途に使ったのかもよく分かりません。情報公開請求したにもかかわらず、環境省が見積書の明細を開示しなかったからです。

博報堂に対する国家予算の支出は極めて不透明な部分が多く、２００７年６月８日、民主党の末松義規議員は外務委員会で、博報堂に対して環境省が3年間で約90億円の国家予算を支出している問題を追及しています。次のような質疑です。

末松：博報堂とは年間どのくらいの費用というか契約をやっているんですか。27億円という話を聞きますが、それは事実ですか。

南川参考人：今年度につきましては、年間トータルで27億円の契約をいたしております。

末松：広告については1億６５００万円という話が出ていますが、それも事実ですね。

南川参考人：確定作業はこれからでございますが、ほぼ昨年と同じで1億６５００万円だというふうに考えております。

末松：最後の質問なんですけれども、これはずっと30億円近くのお金で契約をしてきたんですね。（略）

南川参考人：企画競争をして、外部の審査も行った上で、そういった契約をしております。

総務省が博報堂に発注した国勢調査に連動したＰＲのプロジェクトでもある疑惑が判明しています。結論を先に言いますと、総務省が博報堂に対して２０１５年に発注した「平成27年国勢調査の広報に関する総合企画」が、契約書で定められた仕様に則して履行されていません。仕様書によると、延べ25件の告知（新聞広告）を行う契約になっていますが、そのうちの13件が「間引き」され、12件しか掲載されていません。

契約書によると、博報堂は中央紙５紙（朝日、読売、毎日、産経、日経）にそれぞれ、次に示す５つのステージで、延べ25件の新聞広告を掲載することになっています。（　）内のナンバーは、契約書に付されたナンバーです。

（2）調査関係書類配布の告知機関（平成27年9月1日から30日まで）

（3）インターネット回答実施の告知機関（平成27年9月1日から16日まで）

（4）インターネット未回答者の回答促進機関（平成27年9月17日から20日まで）

（5）回答促進期間（平成27年10月1日から7日まで）

（6）未回答者の回答推進機関（平成27年10月8日から20日まで）

（2）から（6）の各ステージに連動して告知を行い、国民に調査への協力をよびかけるのが、このプロジェクトの目的でした。

掲載時期と掲載新聞について、契約書の「仕様書」は次のように指示しています。

「上記「7（2）～（6）の各時期に全国紙５紙の朝刊に掲載すること。」

わたしは、国会図書館にある全国紙５紙の縮刷版を使って、実際に（2）から（6）の各ステージで、国勢調査の広告が掲載されているか否かを調査しました。その結果、契約どおりに掲載されていないことが分かりました。延べ12回しか掲載されていませんでした。13回が欠落していました。

そこで博報堂に事実関係を確認したところ、延べ12回しか掲載していないことを認めました。

しかし、料金はそのまま契約書の額が請求されています。

9　民間企業が受けた被害

博報堂は、民間企業に対しても問題を起こしています。中小企業が大きな被害を受けています。福岡市にあるアスカコーポレーションという通販会社を取材したところ、テレビCMを放送した際にコンピュータが自動的に作成する放送確認書（放送が行われたことを示す確認書）が、偽装されていたことが分かりました。

資料は、偽装された放送確認書ですが、エクセルとワードを張り付けた偽装書面です。「偽造」する上でミスを犯した跡が、随所に見られます。

まず第1に住所が間違っています。同社の正しい住所は「港区西新橋2‐7‐4」です。「西新橋」が欠落し、「港区2‐7‐4」と記しているのです。しかも、同じミスを何度も繰り返しています。放送局が発行したものであれば、このようなミスを犯すはずがありません。

第2のミスは、2014年5月29日付けになっている放送確認書に、5月30日と31日にCMが放送されたとする記載がある点です。これも「偽造」の過程で発生したミスの可能性が高いと思います。

第3の疑問点は、ウィンドウズ貼付画面が確認できることです。ウィンドウズ画面の右上には、常に、「－」「□」「×」のマークが表示されますが、上記の放送確認書にも、それが確認できます。

この企業のケースでは、テレビCMなどの放送確認書に関する多様な問題が発覚しています。CMなどを放送したときにコンピュータが自動記録する10桁CMコード（放送されたことを示す証）が、非表示になっているものが、1500ケースを超えていることが発覚しました。その半数以上は、博報堂が50％の株を所有するスーパーネットワークという衛星放送局を舞台に行われていました。

また、CMなどを制作する際に、企画の段階で博報堂がこの会社に提出した「番組提案書」に、ビデオリサーチの視聴率とは異なる数値が書き込まれていたことも分かっています。これにより放送枠を買い取らせていたのです。ちなみにテレビの場合、視聴率はビデオリサーチ社のものを使うのが慣行となっています。

視聴率には「個人」と「世帯」の2種類があるのですが、特に「世帯」における両者の差異が目立ちます。次に示すのがその実例です（いずれも2007年当時、数字はパーセント）。

	博報堂提案書	ビデオリサーチ
みのもんたの朝ズバ	3.3	3.2
ちちんぷいぷい	8.9	7.0
NEWS23	8.1	8.0
ヒルナンデス	14.1	11.1
相棒（再放送枠）	10.2	9.8
ひろしま満点ママ	7.4	6.9

テレビＣＭの間引きや誤った視聴率の表示による放送枠の選択など、民間と同じ手口が政府のテレビＣＭの制作過程で行われていないか調査する必要があるでしょう。テレビＣＭの場合、「成果物」の確認が放送局にしか出来ないので、不正の温床になる可能性があるからです。

さらにこの企業では、情報誌を制作する際に、契約に反してバックナンバーのデータが流用されていたことも発覚しています。

下に示すのがその実例です。これら2つは、別の月に発行されたものですが、レイアウトも写真もほぼそのまま流用さ

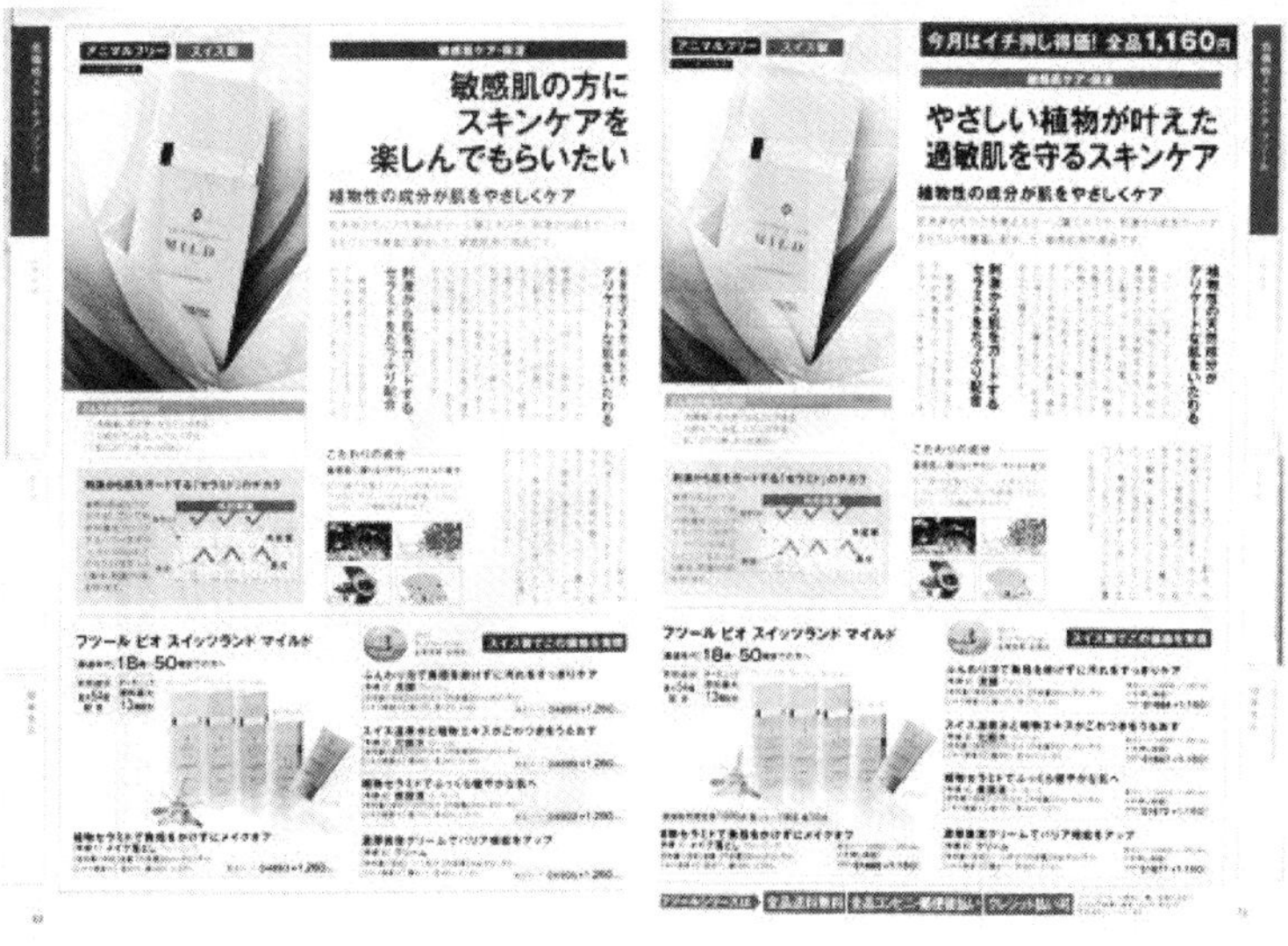

れています。キャッチコピーもほとんどそのままです。契約では、そのようにはなっていません。少なくとも50％以上の変更が約されていました。

他にもこの企業では、業務をめぐるトラブルが博報堂との間で発生して、博報堂は総額で約63億円の返還訴訟を起こされています。

わたしが懸念しますのは、公共のＰＲ業務でも同じことが行われている可能性があることです。残念ながら、テレビＣＭの場合は調査が進んでいません。追跡が難しい分野だけに、逆説的にみれば、不正の温床があるわけです。

10 地方自治体が受けた被害

地方自治体でも、博報堂がらみの問題が続出しています。ここでは、岩手県盛岡市、岩手県大槌町、それに横浜市のケースを報告します。

岩手県盛岡市にある県の複合施設「アイーナ」の総括責任者を務めていた東北博報堂の男性社員が、入館者数を水増しして県に報告していた事件が発覚しています。入館者数を水増しする手口は、アルバイトのスタッフら数人に入館者数をカウントしている3階の出入り口を往復させて、カウント数を増やすという幼稚な手口でした。「4年間で延べ２３８０人分の入館者数を水増しして」「県は同グループに業務の改善を勧告。今年度の管理費１８８万円の減額を決めた」（毎日新聞・２０１６年3月24日）。

また、２０１５年12月に博報堂は同じ岩手県の大槌町でも不祥事を起こしています。震災で大きな被害を受けた岩手県大槌町は、東北博報堂に対して大震災の記録誌編集事業を委託しました。ところが「納期の7月に内容を確認したところ、被害状況などのデータの羅列にとどまり、震災の悲惨さを伝える記録誌としての完成度は低く、いったん期限を11月末に延長。9月には一部の文章で、県が発行した別の記録誌からの無断コピーも発覚」（産経新聞・２０１５年12月８日）しました。そのために大槌町は「東北博報堂との契約を解除した」のです。

博報堂が地方自治体を食い物にした最も典型的な例は、２００９年4月28日から9月27日までの日程で、横浜市で開かれた「開国博Ｙ１５０」と題する博覧会です。主催は「財団法人横浜開港１５０周年協会」で、横浜市や神奈川県が中心になっていました。

主催者の中心メンバーのひとりに、菅官房長官や中田宏元横浜市長のバックと言われている藤木幸夫という事業家がいました。横浜市のカジノ設置の案件でも、利権が絡んでいるとされる人物です。

この博覧会は当初、500万人の有料入場者数を達成することを目標に立案されていたのですが、実際は123万人の入場者しか集まりませんでした。その結果、主催者は巨大赤字を抱え込んだのです。当然、未払い金が発生しました。それが引き金になって、裁判所が介入した6件の係争が勃発したのです。

主催者が博報堂JVと交わした契約額は約61億9000万円でした。しかし、未払い金が約34億円も発生し、この件についても係争になりました。

しかし、そもそも61億の価値がある博覧会なのかということが、横浜市議会で大きな問題になりました。計画の段階で博報堂が行ったプレゼンテーションは立派だったが、実際のイベントでは、プレゼンテーションのレベルから大きく後退していたことが問題になったのです。

11　博報堂と児玉誉士夫の関係

博報堂の問題を検証する際に、意外に見落としがちがなのが、極右勢力との関係です。それは昔から見られる特徴で、たとえば博報堂DYホールディングスの最大の株主である公益財団法人博報児童教育振興会（18・17％）の評議員に、右翼団体・日本弘道会の鈴木薫会長、中山恭子・日本のこころ代表らが名を連ねています。

しかし、右翼との関係は今に始まったことではありません。右翼の大物と言われる児玉誉士夫との関係も明らかになっています。

後述しますが、内閣府の関係者や警察関係者の天下りが始まったのも、児玉氏らが、博報堂とかかわりを持つようになった1975年ごろから始まっています。

児玉氏は、1911年に生まれ、1984年に他界しました。日本の右翼運動家であり政界フィクサーで、安倍晋三首相の祖父にあたる岸信介とも親密な関係にあったとされます。CIAの代理人だったことも認めています。いわば日本の「黒幕」と言っても過言ではありません。

「死の商人」という言葉がありますが、児玉氏も例外ではなく、日中戦争のさなかに上海に児玉機関と呼ばれる店を出し、海軍航空本部に戦略物資を納入する独占契約を得てビジネスを展開し、富を得ました。日本にヘロインを販売していたとの情報も一部にあります。

戦後、1946年にA級戦犯の容疑でGHQに逮捕されました。児玉氏と戦後政界との接点は、児玉機関で留保していた資産を、日本民主党の結成時に提供したことだ言われています。その結果、児玉氏は日本の右派勢力の中でも、特別な地位を構築していくことになります。

たとえば全日本愛国者団体会議（全愛会議）のリーダーで、青年思想研究会を主宰していました。全愛会議はドラスチックな極右勢力との評価が歴史的に定まっております。

児玉氏の経歴の中で最もよく知られている経済事件は、ロッキード事件です。この事件は、1976年に明るみに出た米国・ロッキード社の対日航空機売込みにからむ疑獄事件です。児玉氏は、1958年からロッキード社の秘密代理人を務めており、日本政府にロッキード社の戦闘機P‐3Cを採用させるための裏工作を行っていたのです。

児玉氏がロッキード事件の中心人物として捜査対象になったことは言うまでもありません。国会では児玉氏に対する証人尋問も予定されていました。ところが直前に病に倒れて、証人尋問は中止になりました。しかし、外為法違反と脱税で在宅起訴され、犯罪が問われましたが、結局、裁判は病気を理由に、1984年に打ち切りになりました。

この事件の取り調べを行った検事が、後に博報堂に天下りすることになる松田昇氏です。

その博報堂と児玉氏の関係を検証する際に、どうしても無視できないのが、博報堂事件です。これは1972年（昭和47年）11月30日に、創業家の3代目である瀬木庸介社長を福井純一副社長が追放して、社長に就任した事件です。

日経新聞などの報道によると、福井氏は博報堂を私物化するために、みずからの資金で株式会社「亜土」を設立して、「博報堂の持ち株会社『伸和』の株を庸介氏から買い取ったり」「違法な方法で新株式割り当てなどで、『伸和』の株式83・5％を支配下に収めた」のです。伸和は「博報堂の発行済み株式の30％を保有」しており、博報堂は実質的に福井社長の支配下に置かれたのです。ちなみに福井氏は後に、特別背任容疑で逮捕され有罪になっています。

このお家騒動の時期に「伸和」に乗り込んできたのが、児玉氏の側近であり、等々木産業㈱の代表取締役である太刀川恒夫氏らでした。

伸和は後に博報堂コンサルタンツに社名変更するのですが、このあたりの事情について、当時の『週刊サンケイ』（19

76年）は次のように書いています。

特に、「伸和」が昨年7月に「博報堂コンサルタンツ」に社名変更した時に、太刀川が取締役に就任したことが、児玉ファミリーのマスコミ支配のための〝博報堂進出〟とみられている。

博報堂も児玉との関係を認め、『週刊サンケイ』に対して次のようにコメントしています

「博報堂乗っ取りとか、児玉が何を狙っているとかいろいろいわれているけれど、まったくナンセンス。博報堂コンサルタンツの取締役になってもらったのは、僕の方から頭下げてきてもらったんですからね。将来いろんなことやってくうえで、いつ、何をということなく、必要になった時、考え方などを聞かせてほしい、そういうために役員になってもらったんですよ。福井さんと児玉さんが関係あると言われていますが、あれだって社長就任時に記念品をもって挨拶に行ったんで、何百人と回った中の1人ですよ。ええ、わたしも同席しました」（広田隆一郎、前博報堂取締役、前博報堂コンサルタンツ社長〈肩書きは1976年同時〉）

広田氏の言葉を借りれば、博報堂の側から、児玉に協力を求めていったのです。とはいえ、このあたりの真相は分かりません。

その後、福井前社長の逮捕などもありましたが、博報堂コンサルタンツは社名を変更しながら存続していきます。博報堂コンサルタンツの次は、日比谷コミニュケートコンサルタンツ。そして2001年（平成13年）に博報堂に合併したのですが、興味深いことに日比谷コミニュケートコンサルタンツの時代の会社登記簿に現在の博報堂の舵を取っている人々の名前が確認できます。たとえば次の方々です。

戸田裕一（博報堂代表取締役）
沢田邦彦（博報堂前取締役副社長・降格され現在は博報堂DYパートナーズの取締役副社長）

児玉氏らが「乗り込んできた」時代の博報堂と現在の博報堂の接点については、今度、検証する必要がありますが、少なくとも次の重大な事実が確認できます。

既に述べたように内閣府の官僚や警察関係者の天下りは、この時代から始まって、現在まで続いているのです。極めて

長期にわたる癒着です。

12　博報堂への天下りの実態

『現代の眼』（１９７５年７月）によると、乗っ取りの時期に次の人々が博報堂へ天下っています。博報堂が児玉とかかわりを持つようになった時期です。

松本良佑（副社長）：元警察大学教頭
佐藤彰博（公共本部長）：内閣審議官室審議官兼総理府広報室参事官
千島克弥（顧問）：総理府広報室参事官
池田喜四郎（公共本部次長）：内閣総理大臣官房副長官秘書
毛利光雄（社長秘書）：警視庁総監秘書
町田欣一（特別本部ＣＲ担当）：警視庁科学検査部文書鑑定課長

また、日本経済新聞の人事欄によると、旧大蔵省からの天下りも確認できます。

近藤道生（社長）：国税庁長官
磯邊律男（社長）：国税庁長官

２人の国税長官が退官後に、博報堂の社長に就任したのです。

ロッキード事件で児玉氏を取り調べた検事・松田昇氏が、なぜ博報堂へ天下ることになったのかは不明です。どのような事情があるにしろ、内閣府や検察庁など日本の中枢機関から、博報堂への天下りが慣行化している事実は極めて重大です。特に内閣府の場合は、約25億円（２０１５年度）の莫大な国家予算を広告費の名目で支出しているわけですから、尋常ではありません。

（終）

黒薮哲哉（くろやぶ・てつや）

1958年、兵庫県生まれ。フリージャーナリスト。ウェブサイト「MEDIA KOKUSYO」の主宰者。1992年、「説教ゲーム（改題「バイクに乗ったコロンブス」）」でノンフィクション朝日ジャーナル大賞「旅・異文化」テーマ賞を受賞。1998年、「ある新聞奨学生の死」で週刊金曜日ルポルタージュ大賞「報告文学賞」を受賞。
著書に、『ぼくは負けない』（民衆社）、『バイクに乗ったコロンブス』（現代企画室）、『新聞ジャーナリズムの「正義」を問う』、『経営の暴走』（リム出版新社）、『新聞があぶない』、『崩壊する新聞』、『新聞の危機と偽装部数』、『あぶない！あなたのそばの携帯基地局』、『ルポ　最後の公害、電磁波に苦しむ人々』（花伝社）、共著に『ダイオキシン汚染報道』（リム出版新社）、『鉱山の息』（金港堂）などがある。

［MEDIA KOKUSYO］www.kokusyo.jp/
Eメール：xxmwg240@ybb.ne.jp
Twitter：@kuroyabu

新聞の凋落と「押し紙」

2017年5月25日　　初版第1刷発行

著者 ――― 黒薮哲哉
発行者 ―― 平田　勝
発行 ――― 花伝社
発売 ――― 共栄書房
〒101-0065　東京都千代田区西神田2-5-11出版輸送ビル2F
電話　03-3263-3813
FAX　03-3239-8272
E-mail　kadensha@muf.biglobe.ne.jp
URL　http://kadensha.net
振替 ――― 00140-6-59661
装幀 ――― 黒瀬章夫（ナカグログラフ）
印刷・製本 ― 中央精版印刷株式会社

ISBN978-4-7634-0814-3　C0036

新聞の危機と偽装部数

黒薮哲哉

定価（本体 1700 円＋税）

●末路をたどる新聞社
偽装部数をいつまで続けるのか？　「押し紙」訴訟を追う！　部数を偽り、広告主を欺き、販売店に偽装部数を事実上押し付け、批判には言論機関にあるまじき口封じ訴訟を乱発、司法と癒着する新聞社……。新聞社に未来はあるのか。

崩壊する新聞
――新聞狂時代の終わり

黒薮哲哉

定価（本体 1700 円＋税）

●新聞の崩壊が始まった
新聞界のタブーを暴く！　部数至上主義の破綻。次々と暴かれる新聞社の闇。立ち上がる新聞販売店主たち。膨大な数の「押し紙」、折込みチラシの水増し、黒い拡張団、政界との癒着……。前近代的体質を残したままの新聞業界はインターネット時代に生き残れるか？新聞販売黒書 PART２。

新聞があぶない
――新聞販売黒書

黒薮哲哉

定価（本体 1700 円＋税）

●新聞界のタブーを暴く！
新聞社の闇を追う。新聞はなぜ右傾化したか？読者のいない新聞＝「押し紙」が３割、1000万部‼異常な拡販戦争の実態――新聞購読申し込みで、商品券１万円とは！　無権利状態の新聞販売店主。日本新聞販売協会政治連盟を通じた、政治家との癒着――。これで新聞の自由、言論の自由が守れるのか？

闇の新聞裏面史
――販売店主が見てきた乱売と「押し紙」の 50 年

高屋 肇

定価（本体 1500 円＋税）

●わたしが新聞販売店を廃業した理由
だから日本の新聞はダメになった！ 部数至上主義がもたらした数々の弊害、景品付き乱売、「押し紙」の実態。新聞に誇りを持って生きた販売店主の赤裸々な証言。

新聞販売の闇と戦う
――販売店の逆襲

真村久三・江上武幸

定価（本体 1500 円＋税）

●読売王国の闇を暴く！
激増する新聞販売店の反乱。販売店に事実上押しつけられている膨大な数の「押し紙」、有無を言わせぬ販売店の改廃、たびかさなる司法無視、高額名誉毀損訴訟の乱発による言論封じ……。言論機関たる新聞がこれでいいのか？　福岡高裁で勝利した、真村裁判の真実。